꼭 알아야 할 대학 한국어 글쓰기 ❶

꼭
알아야 할
대학 **한국어 글쓰기** ❶

1판 1쇄 2018년 2월 23일
2판 1쇄 2020년 2월 29일
발행인 이진숙 **지은이** 이금영 · 김덕신 · 김은경
펴낸곳 충남대학교출판문화원 **주소** 대전광역시 유성구 대학로 99
전화 042-821-6045 **홈페이지** http://www.cnupress.co.kr **E-mail** cnupress@cnu.ac.kr

ISBN 979-11-6503-029-2 93700
정가 15,000원

꼭 알아야 할 대학 한국어 글쓰기 1

이금영·김덕신·김은경

충남대학교출판문화원

지속적으로 외국인 유학생이 증가하는 추세에 외국인 유학생에게 적합한 대학 교육의 필요성은 점점 더 커져가고 있다. 특히 유학생들의 한국어 글쓰기 능력 배양은 성공적인 대학 생활을 위해 매우 필수적이고 중요한 학습 활동임에도 불구하고, 외국인 유학생을 위한 학문 목적의 대학 글쓰기 교재는 그 수가 적다고 할 수 있다. 또한 그러한 교재의 대부분은 그 내용과 구성 면에서 내국인 대학생들의 글쓰기 교재와 크게 다르지 않아 외국인 유학생들의 한국어 수준과 학습 능력으로 따라가기 어려운 실정이라 할 수 있다. 이러한 문제의식을 바탕으로 초판인 『꼭 알아야 할 대학 한국어 글쓰기 1』이 집필되었고, 이번에 책의 내용을 일부 고치고 크기를 확대하여 개정판을 내게 되었다.

따라서 책의 기본 구성은 『꼭 알아야 할 대학 한국어 글쓰기 1』과 다르지 않다. 즉 이 책은 크게 1부 '기초 글쓰기'와 2부 '실용적 글쓰기'로 구성되었다. 1부에서는 아직 학술적 글쓰기에 익숙하지 않은 외국인 유학생들이 자신의 글쓰기 능력을 진단하고 올바른 문체와 문단, 문장을 쓰는 기본적인 지식을 충분히 익힌 후 초고를 쓸 수 있도록 구성하였고, 2부에서는 '문자 및 이메일 쓰기, 노트 필기와 시험 답안 쓰기, 컴퓨터 글쓰기, 발표문 쓰기, 자기소개서 쓰기'와 같은 대학 생활에 꼭 필요한 실용적인 글쓰기 능력을 배양할 수 있게 구성하였다. 그리고 각 장마다 본문 내용을 복습하고 응용하여 실습할 수 있는 다양한 고쳐 쓰기 및 연습하기 문제를 포함하였다.

『꼭 알아야 할 대학 한국어 글쓰기 1』의 가장 큰 장점 중의 하나는 가급적 외국인 유학생의 입장에서 쉽게 한국어 글쓰기 능력을 배양할 수 있도록, 유학생들이 실제 작성한 글을 글쓰기 사례로 많이 활용하였다는 점이다. 이번 개정판에는 유학생들이 실제 글쓰기 수업을 통해 작성한 보다 최근의 자료로 수정하고, 유학생들이 보다 쉽게 본문과 예문을 이해할 수 있도록 문장을 다듬었다. 따라서 유학생의 수준에 맞는 글쓰기의 원리와 그 예문을 쉽게 이해하고, 바르게 고치고, 연습해 보면서 실질적인 한국어 글쓰기 능력을 배양할 수 있도록 구성하였다. 앞으로도 지속적인 교재 개발과 보완을 통해 외국인 유학생들이 대학 수강에 꼭 필요한 한국어 글쓰기의 능력을 보다 쉽게 키울 수 있기를 기대해 본다.

2020년 2월 17일

저자 대표 이금영 씀.

꼭 알아야 할 대학 한국어 글쓰기 1 | **목차**

제1부 기초 글쓰기

1. 글쓰기란 무엇인가?
2. 나의 글쓰기 실력 진단하기
3. 바른 문단 쓰기
4. 바른 문장 쓰기
5. 초고 고쳐 쓰기

01 글쓰기란 무엇인가?

인간은 언어 활동을 하며 살아간다. 여기서의 '언어 활동'이란 자신의 생각이나 감정을 말과 글로 표현하고 이해하는 행동을 말한다. 동물들도 나름의 수단을 가지고 그들만의 의사소통을 하며 살아간다. 그러나 인간처럼 글을 읽고 쓰는 문자 언어 활동을 하는 동물은 없다. 즉 오로지 인간만이 문자를 읽고 쓰는 활동을 하며 살아가며, 이러한 활동은 인간이 지금처럼 인류 문명의 발달을 이루어 낸 근간이라고도 할 수 있다. 그만큼 인간과 문자 언어 활동은 떼려야 뗄 수 없는 사이이다.

실제로 우리 생활의 많은 부분이 이러한 문자 언어 활동으로 이루어지고 있다. 책이나 신문, 잡지, 편지, 제품 안내문, 공고문, 광고지, 그리고 인터넷상의 많은 정보와 이메일 등이 그렇다. 때문에 이러한 문자 언어를 읽고 쓰는 능력은 인간에게 삶을 살아가는 데 있어 매우 중요하다 할 수 있다. 특히 글쓰기는 글을 읽고 이해하는 능력 이상의 논리적이고 체계적인 사고력과 창의성을 요구한다. 그렇기 때문에 글쓰기를 배우는 일은 그러한 고도의 사고력과 창의성을 키우고, 보다 전문적이고 교양 있는 인간으로 성장하는 길이라 할 수 있다.

1.1. 대학 생활과 글쓰기

대학 생활에서 글쓰기는 매우 중요한 활동 중의 하나이다. 많은 직장인들이 각종 기획시와 보고서 등에 따라 그들의 업무 역량이 평가되듯이, 실제로 대학생들의 학업 능력에 대한 평가도 대부분 리포트나 보고서, 발표문, 그리고 각종 시험 답안과 같은 글쓰기에 의해 이루어진다. 그만큼 대학생들에게 글쓰기는 성공적인 대학 생활을 위해 매우 필수적이고 중요한 학습 활동이다.

그런데 대학 생활에서의 대부분의 글쓰기는 친구와 편지나 이메일을 주고받는 것과 같은 개인적인 글쓰기와는 성격이 다르다. 대학생들은 아직 전문 연구자는 아니지만, 그들이 학습하고 있는 내용은 대부분 특정 분야의 수많은 학자들과 전문가들의 연구 결과물로 이루어진 학문 자료이다. 따라서 그러한 학문 자료를 읽고 이해하고, 그에 대해 요약 · 정리하여 작성하는 리포트나 보고서 등의 내용도 학문적 성격을 띠어야 한다. 그러므로 대학생들에게 요구되는 글쓰기 능력은 일반적인 수준보다는 더 높다고 할 수 있다. 즉 대학생들은 이러한 학습 활동을 통해 사회가 요구하는 전문인과 교양인이 갖추어야 하는 언어 사용 능력을 배양해야 하는 것이다.

앞서 언급하였듯이 글쓰기는 논리적이고 체계적인 사고력과 창의성을 요구한다. 때문에 말을 하거나 글을 읽는 것보다 글을 쓰는 것이 더 어려운 일이며, 많은 사람들이 글을 쓰는 것을 어려워하는 이유도 그 때문이다. 이러한 글쓰기의 어려움은 모국어가 아닌 외국어로 글을 써야 하는 유학생들에게는 더욱 배가된다 할 수 있다. 그러나 한국 대학생과 마찬가지로 외국인 유학생들에게도 성공적인 대학 생활을 위해서나, 전문적이고 교양 있는 사회인으로 성장하기 위해서 글쓰기 능력은 필수불가결한 요소이다.

특히 외국인 유학생들은 더욱 더 한국어 글쓰기를 학습할 필요가 있다. 어떤 언어이든 상관없이 모든 글쓰기가 논리적이고 체계적인 사고력과 창의성을 요구하기는 하지만, 글쓰기의 형식과 표현 방법에 있어서는 각 언어의 특성이나 고유의 문화에 따라 조금씩 다르기 때문이다. 예를 들어 한국어와 영어는 단어마다 띄어쓰기를 하지만 일본어나 중국어, 태국어는 띄어쓰기를 하지 않는 등의 차이가 있다. 때문에 대학 교육 이전부터 한국어로 이루어진 글을 읽고 쓰는 교육을 받아 온 한국 학생들과 비교했을 때 외국인 유학생들은 여러 가지로 부족할 수밖에 없다. 따라서 외국인 유학생들이야말로 더욱 체계적으로 한국어 글쓰기를 배울 필요가 있는 것이다.

1.2. 좋은 글의 요건

좋은 글이란 글의 종류나 글을 쓰는 목적에 따라 다를 수 있으며, 시대나 사회, 문화의 차이에 따라 다를 수도 있고, 또한 개인의 신념이나 개성에 따라서도 얼마든지 달라질 수 있다. 그럼에도 불구하고 많은 사람들이 공통적으로 인정하는 좋은 글의 요건이 있다.

첫째, 내용이 진솔해야 한다. 글쓰기란 글을 쓰는 사람이 자신의 생각이나 감정을 문자로 표현하는 활동이다. 독자는 저자의 글을 읽음으로써 그 속에 담겨진 저자의 생각이나 감정을 이해하게 된다. 따라서 저자가 진솔하지 못하고 가식과 거짓으로 글을 쓰는 것은 일상의 대화에서 거짓을 말하는 것과 다름이 없다. 저자가 자신의 경험과 지식을 바탕으로 진솔하게 글을 쓰지 못하고 가식과 거짓으로 쓴 글은 일시적으로 몇몇 독자의 흥미를 살 수는 있어도 영원히 많은 사람들이 공감하고 감동을 받는 글은 될 수가 없다.

또한 가식과 거짓으로 글을 쓰는 일은 거짓말이 또 다른 거짓말을 낳으면서 빚어지는 문제처럼, 저자가 글을 쓰는 과정에서도 문제를 일으킨다. 자신의 생각이나 느낌을 솔직하게 표현하지 않고 거짓된 내용으로 꾸미려는 것 자체가 쉬운 일이 아니다. 자신의 하루를 되돌아보며 쓰는 일기와 작가의 상상력에 바탕을 두고 허구적으로 이야기를 꾸며나가는 소설의 글쓰기를 비교해 보면 쉽게 이해가 될 것이다. 많은 사람들이 글쓰기를 어려워하는 이유 중의 하나는 글을 잘 써야 된다는 부담감 때문이다. 그 때문에 자신의 생각이나 느낌을 과장되거나 거짓되게 표현하기 쉽다. 그러나 이것은 오히려 글쓰기를 더 어렵게 하는 일임에 유의해야 한다.

둘째, 내용이 의미가 있고 독창적이어야 한다. 물론 독자가 글을 통해 저자의 진술한 생각이나 감정을 이해하는 것 자체가 이미 의미 있는 일이기는 하다. 그렇지만 저자의 진술한 생각이나 감정이 독자의 그것과 별반 다를 게 없다면 독자의 공감을 살 수는 있겠지만 그 감동은 오래갈 수 없다. 좋은 글은 독자가 저자의 생각과 감정을 충분히 이해하고 공감할 수 있게 할 뿐 아니라 독자에게 의미가 있는 교훈과 감동을 주는 글이다. 독자가 저자의 새로운 생각이나 관점을 배우고 깨닫게 하는 글, 독자가 공감할 수 있는 생각이나 감정을 독자가 미처 생각하지 못한 참신하고 독창적인 방법으로 표현하는 글이 바로 많은 독자들에게 의미 있는 좋은 글이 되는 것이다.

셋째, 내용이 체계적이고 논리적이어야 한다. 체계성이나 논리성이 결여된 글은 아무리 저자의 생각이 가치 있고 독창적인 것이라 하더라도 독자에게 제대로 전달될 수 없다. 말하기는 즉흥적이고 순간적으로 이루어지는 것이어서 비논리적이거나 체계적이지 못할 때가 많다. 다만 말하기는 의사소통의 과정에서 얼굴 표정이나 몸짓과 같은 비언어적 요소의 도움을 받는다거나 청자와의 상호작용 등을 통해 비논리적이거나 체계적이지 못한 문제점을 해소할 수 있다. 그러나 글쓰기는 오로지 글을 통해서만 저자의 생각이나 감정을 전달해야 하므로, 말을 할 때보다 훨씬 더 체계적이고 논리적인 내용이 되도록 글을 조직해야 한다. 그래야 독자가 저자의 의도를 제대로 이해할 수 있다. 때문에 저자는 글을 쓰기 전부터 자신의 생각이나 감정을 보다 효과적으로 전달하기 위해 글의 내용을 계획하고 조직하는 것이 필요하다.

넷째, 문장 표현이 올바르고 정확해야 한다. 이것은 좋은 글이 갖추어야 할 가장 기본적인 요건이다. 어법에 맞지 않는다거나 정확하지 않은 문장 표현을 쓰게 되면 독자가 저자의 생각을 정확하게 이해할 수가 없기 때문이다. 그러므로 아무리 저자의 글이 의미가 있는 참신하고 체계적인 구성의 글이라 하더라도 어법에 맞지 않는다거나 맞춤법에 맞지 않는 문장 표현이 있다면 그것은 결코 좋은 글일 수 없다. 만약 글 속에 올바르지 못한 표현들이 많이 나타난다면 독자는 저자의 생각뿐 아니라 지식인으로서의 기본적인 자질마저 의심하게 된다. 따라서 좋은 글을 쓰기 위해서는 어법과 맞춤법에 맞는 정확하고 올바른 문장을 구사할 수 있어야 한다. 특히 외국인 유학생들은 한국어 어휘력뿐만 아니라 문법과 맞춤법 등에 관한 지식이 부족하므로 글쓰기 능력을 향상시키기 위해서는 우선적으로 그에 대한 체계적인 학습이 선행되어야 한다.

02 나의 글쓰기 실력 진단하기

많은 사람들이 글을 잘 쓰고 싶어 한다. 글을 잘 쓰기 위해서는 많이 읽고, 많이 생각하고, 많이 써 보아야 한다. 특히 많이 써 보는 것은 글을 잘 쓸 수 있는 직접적인 방법이다. 글을 써 보는 연습은 운동선수가 연습장에서 연습하는 것과 같이 꼭 필요한 일이다.

글을 많이 써 보는 것도 필요하지만 형식과 어법에 맞게 잘 쓰는 것도 중요하다. 모임 자리에 맞는 옷을 입어야 하듯 글의 종류에 맞게 형식을 갖추어 글을 써야 하며, 어법에 맞게 글을 써서 글 쓰는 이의 의도를 전달하는 데 문제가 없어야 한다.

모국어가 아닌 외국어로 글을 쓸 때는 어법에 맞는 글을 쓰기가 쉽지 않다. 문맥에 맞는 적절한 어휘를 찾아야 하고, 선택한 어휘를 맞춤법에 맞게 써야 하며, 특히 동사나 형용사는 활용형 어미를 적합하게 써야 한다.

이 장에서는 좋은 글을 쓰기 위한 목표를 향해 나가기 위해 먼저 나의 글 쓰기 실력이 어느 정도인지 점검을 하려고 한다.

2.1. 자가 진단

다음에 제시한 예시 세 개 중에서 하나를 골라 한 편의 글을 완성해 보자.

글을 쓰기 전에 먼저 어떻게 쓸 것인지 간단하게 [표 1]에 정리해 보고, 글을 다 쓴 후에는 글 쓰는 과정에서 궁금했던 점을 [표 2]에 써 보도록 한다.

〈예시 1〉

교통과 통신의 발달로 세계가 하나가 되어, 세계 여러 나라들이 서로 활발하게 교류를 하고 있다. 이와 같은 시대에 자신의 꿈을 실현하려고 여러분은 한국에 유학을 와서 대학교에 입학을 하였다. '바람직한 대학 생활'에 대해 아래의 내용을 중심으로 자신의 생각을 쓰라.

· 왜 대학에 왔는가?
· 한국 대학교에서 어떻게/무엇을 공부할 것인가?
· 대학 생활을 잘하는 방법은 무엇인가?

〈예시 2〉

한국에서는 2011년에 여성 가족부에서 '성 범죄자 알림e'를 만들어 성 범죄자들의 신상 정보를 공개하고 있다. 성 범죄 발생을 미리 방지할 수 있을 것이므로 이 제도를 찬성한다는 입장과 성 범죄자의 인권을 침해할 소지가 높다는 이유로 반대하는 입장도 있다. '성 범죄자 신상 정보 공개 괜찮은가?'에 대해 아래의 내용을 중심으로 자신의 생각을 쓰라.

· 성 범죄자 신상 정보 공개에 대해 찬성하는가, 반대하는가?
· 자신이 그렇게 주장하는 이유는 무엇인가?

〈예시 3〉

폭력 행위는 꼭 직접적으로 상대에게 해를 입히지 않아도 여러 가지 경우로 해를 입힐 수 있다. 언어적으로 정서적으로 해를 가해도 폭력 행위가 된다. 사이버(인터넷) 속에서 일어나는 폭력을 사이버 폭력이라고 하는데, 갈수록 이 문제가 심각해지고 있다. '사이버 폭력을 막을 방법'에 대해 아래의 내용을 중심으로 자신의 생각을 쓰라.

· 사이버 폭력의 사례에는 어떤 것이 있는가?
· 사이버 폭력을 줄이거나 막을 방안은 무엇인가?

[표 1]

글을 쓰기 전에 어떤 내용을 쓸 것인지 다음 [표 1]에 적어 보고, 이를 바탕으로 글을 써 보자.

순서	단계	내용
1	주제	
2	제목	
3	서론	
4	본론	
5	결론	
6	참고 자료	

[표 2]

글을 쓰면서 질문하고 싶은 것이 있다면 아래를 참고해서 써 보라. 만약 아래에 제시한 것 외에 질문할 것이 더 있다면 질문 내용 12번에 이어서 써 넣어도 된다.

순번	질문 내용	질문에 해당하는 단어나 문장 제시하기
1	의도한 주제를 표현했는가?	
2	글의 내용을 이해할 수 있는가?	
3	맞춤법이 맞는가?	
4	적절한 단어인가?	
5	띄어쓰기가 맞는가?	
6	조사가 맞는가?	
7	어미 활용이 맞는가?	
8	문장이 옳은가?	
9	문장의 뜻이 맞는가?	
10	문어체인가?	
11	문단이 맞는가?	
12		
13		

연습하기

실제 쓰기

학과 ______________________ 학번 ________________ 이름 ____________

제목 ____

2.2. 교수 진단

학생이 [실제 쓰기]에서 작성한 글과 [표 1, 2]를 읽고, 학생의 쓰기 실력을 점검한다. 이 절은 학생의 글을 고쳐 주려는 것이 아니라 학생의 글 쓰기 실력을 진단하는 데에 목적이 있다. 그러므로 이 절에서는 학생의 글을 고치지 않는다. 3, 4장을 배운 후 5장의 5.2에서 수정하고 보완할 기회가 있기 때문이다.

<table>
<tr><th>대영역</th><th colspan="2">소영역</th><th>교수 평가</th></tr>
<tr><td rowspan="2">주제와 내용</td><td colspan="2">주제가 잘 드러났는가?</td><td></td></tr>
<tr><td colspan="2">내용이 풍부한가?</td><td></td></tr>
<tr><td rowspan="4">형식</td><td rowspan="3">형식을 갖추었는가?</td><td>서론</td><td></td></tr>
<tr><td>본론</td><td></td></tr>
<tr><td>결론</td><td></td></tr>
<tr><td colspan="2">문단을 잘 나누었는가?</td><td></td></tr>
<tr><td rowspan="7">어법</td><td colspan="2">문장이 문법에 맞는가?</td><td></td></tr>
<tr><td colspan="2">맞춤법이 맞는가?</td><td></td></tr>
<tr><td colspan="2">적절한 단어를 사용했는가?</td><td></td></tr>
<tr><td colspan="2">조사가 맞는가?</td><td></td></tr>
<tr><td colspan="2">어미 활용이 맞는가?</td><td></td></tr>
<tr><td colspan="2">문장 성분이 호응을 이루는가?</td><td></td></tr>
<tr><td colspan="2">문어체로 썼는가?</td><td></td></tr>
</table>

03 바른 문단 쓰기

3.1. 문단의 개념 및 형식

우리는 하나의 생각을 여러 문장으로 표현한다. 표현하려고 하는 중심 내용을 보충하기 위한 것이다. 그리고 그 하나의 생각이 끝나고 다른 생각을 쓰고 싶을 때는 구분을 해야 하는데 여러 개의 문장으로 하나의 생각을 표현한 덩어리를 '문단'이라고 한다.

한 문단에는 하나의 작은 주제가 있다. 문단의 주제를 표현한 문장을 '중심 문장' 또는 '소주제문'이라고 한다. 그리고 중심 문장을 내용상으로 보충해 주는 문장들이 있는데, 이를 '뒷받침 문장'이라고 한다.

문단은 보통 몇 개의 문장으로 이루어져 있으나, 한 문장이 한 문단이 되는 경우도 있을 수 있다. 문단은 문장의 수보다는 내용을 중심으로 구분한다. 글을 읽다 보면 문장이 몇 개 이어지다가 줄(행)이 바뀌고, 들여쓰기를 한 것을 볼 수 있다. 이것은 내용이 바뀌었기 때문인데, 이때는 마지막 줄이 중간에 끝나도 이어서 쓰지 않고 줄을 바꾸어야 한다. 이렇게 내용의 변화에 따라 문단을 바꾸어 쓰면 글 전체의 구조와 내용을 파악하기가 훨씬 쉬워진다.

다음 글을 문단의 개념과 형식에 유의하여 살펴보자.

요즘 주택 시장에서는 땅콩 집이 인기이다. 땅콩 집은 땅콩 껍질 안에 땅콩 두 알이 들어 있는 것처럼 한 곳에 집을 두 채 짓는다고 하여 붙여진 이름이다. 두 가족이 함께 땅을 사서 똑같은 집을 짓고 마당을 함께 쓰는 구조의 집을 말한다. 이 땅콩 집은 마당이 있는 집에서 살고 싶어 하는 도시 사람들에게 큰 관심을 끌고 있다.

땅콩 집은 두 가족이 함께 땅을 구입하기 때문에 토지 구입비를 줄일 수 있다는 장점이 있다. 또 두 집을 똑같이 붙여서 짓기 때문에 건축비도 아낄 수 있다. 따라서 저렴한 비용으로 마당이 있는 집에서 살 수 있게 되는 것이다.

위 예문은 요즘 관심을 끌고 있는 땅콩 집에 대한 글로 두 개의 문단으로 구성되어 있다. 첫 문단은 요즘 마당이 있는 집에서 살고 싶어 하는 도시인들에게 땅콩 집이 인기를 끌고 있다는 내용이고, 두 번째 문단은 땅콩 집의 장점을 설명한 것이다. 첫 번째 문단에서는 "요즘 주택 시장에서는 땅콩 집이 인기이다."가 중심 문장이 되며, 두 번째 문단에서는 "저렴한 비용으로 마당이 있는 집에서 살 수 있게 되는 것이다."가 중심 문장이다. 이 두 중심 문장을 보충하는 나머지 문장들은 모두 뒷받침 문장이다. 그리고 첫 번째 문단에서는 중심 문장이 앞에 있고 뒷받침 문장이 뒤에 있으나, 두 번째 문단에서는 중심 문장이 뒤에 있고 뒷받침 문장이 앞에 제시되어 있다.

써 보기

다음 글을 두 개의 문단으로 나누고, 각각 문단의 중심 문장을 찾아 밑줄을 긋고, 문단을 나누어야 하는 곳에 _⌐ 표시를 해 보라.

한국인이 밥과 반찬을 언제부터 구별하여 먹었는지는 정확히 알 수 없으나 밥상을 차리는 격식은 조선 시대에 이루어진 것으로 보인다. 주식인 밥 등에는 따로 간을 하지 않기 때문에 진작부터 밥과 반찬이 나뉘었을 것이다. 반찬은 무엇보다 밥과 함께 먹기에 적합한 음식으로 이루어져 있다. 이와 더불어 밥만으로는 모자라는 영양을 공급해 주며 다양한 맛을 느끼게 해 준다. 반찬을 만들 때는 같은 조리 방법과 같은 식품이 중복되지 않도록 신경을 쓰며 차가운 음식과 더운 음식을 고루 갖추는 것이 보통이다.

3.2. 문단 구성의 원리

문단을 쓰는 기본적인 원리로는 통일성, 완결성, 긴밀성을 들 수 있다. 이 세 가지 원리들을 지키기 위한 여러 가지 방법이 있으므로 이를 익혀서 바른 문단을 작성하도록 해야 한다.

1) 통일성

통일성이란 글이 주제와 관련되어야 한다는 것이다. 모든 문단은 글 전체 주제와 내용이 연결되어야 하며, 문단은 중심 문장과 뒷받침 문장이 내용에서 하나가 되어야 한다. 그러므로 중심 문장과 관계없는 문장을 써서는 안 된다.

앞에 소개한 땅콩 집에 대한 예시문은 통일성을 갖춘 문단이다. 첫 번째 문단에서 세 개의 뒷받침 문장은 모두 땅콩 집의 인기에 대하여 썼기 때문이다. 두 번째 문단의 뒷받침 문장 두 개도 각각 토지 구입비와 건축비를 아낄 수 있어 저렴한 비용으로 집을 지을 수 있다는 중심 문장의 내용과 연결되므로 통일성을 갖춘 문단이 된다.

글을 쓰다 보면 통일성에 어긋난 문장이 들어가기도 한다. 새로운 내용을 넣거나, 억지로 써야 하거나, 과시하려고 쓰거나, 분량을 늘리기 위하거나 하는 여러 가지 이유로 중심 문장과 관계없는 문장을 쓰는 경우도 있다. 그러므로 소주제를 기억하고 소주제와 연관된 내용을 쓰려고 노력해야 한다.

다음 글은 통일성을 갖추었는가? 만약 통일성을 갖추지 않았다면 어디를 고쳐야 할까?

> 나는 오늘 아침부터 기분이 안 좋았다. 어제 늦게 자서 늦잠을 잔 데다가 학교에 뛰어오느라 발목까지 삐었다. 이따가 병원에 가 봐야 할 것 같다. 커피를 마시고 싶었는데 자동판매기가 고장 나서 커피숍까지 가서 비싼 커피를 사서 마셨다. 커피숍에 갔다 오느라 강의실에 5분 늦게 들어가서 출석 확인도 못했다. 오늘은 참 울고 싶은 날이다.

위 글의 중심 문장은 첫 번째 문장이다. "오늘 아침부터 기분이 안 좋다."는 감정을 표현한다. 그 밖의 나머지 문장은 오늘 아침 기분이 안 좋은 이유와 상황을 쓴 것이다. 이를 좀 더 간략하게 정리하면 아래와 같다.

> 늦잠을 잤다 → 발목을 삐었다 → 병원에 가야겠다 → 자동판매기가 고장났다 → 출석 확인을 못했다

여기에서 "이따가 병원에 가 봐야 할 것 같다."는 기분이 좋지 않은 것과는 직접적인 관계가 없으므로 글의 주제와 맞지 않아 필요하지 않은 문장이다. 그러므로 이 문단은 통일성을 갖추지 못했다.

문단의 통일성을 갖추기 위해서는 소주제를 되도록 세부적인 개념으로 정하는 것이 좋다. 이때 소주제는 단일한 개념이어야 한다. 그리고 뒷받침 문장은 소주제와 관련된 내용만 집중적으로 써야 한다.

위의 예문에서도 "오늘 아침부터 기분이 안 좋다."는 세부적인 소주제에 대하여 왜 기분이 안 좋은지, 그래서 어떠한 결과가 생겼는지 등의 소주제와 관련된 뒷받침 문장만 집중적으로 써야 한다. 학교에 뛰어오느라 발목을 삔 것은 기분이 나쁘다는 소주제에는 맞지만, "이따가 병원에 가 봐야 할 것 같다."는 문장은 소주제와 관련이 없으므로 통일성을 해친 문장이 되어 결국 이 문단은 통일성이 없는 문단이 된다.

써 보기

다음 글을 읽고 통일성이 갖추어진 문단인지 밝혀보자. 만약 통일성을 해친 문장이 있다면 찾아서 쓰고, 이유를 써 보라.

1 한국에는 옛날부터 전해 내려오는 설화가 많다. 그 설화 속에 자주 등장하는 동물이 있는데 바로 호랑이이다. 호랑이는 고양이과의 동물이다. 또한 호랑이는 '한국' 하면 떠오르는 대표적인 동물이다. 그래서 그런지 한국의 신화, 전설, 민담 속에 자주 등장한다.

▷ 통일성을 해친 문장: ______________________________

▷ 이유: ______________________________

2 최근 과학적 실험을 통해 김치에는 요구르트의 네 배에 달하는 유산균이 들어 있다는 것이 밝혀졌다. 그 유산균이 종양의 성장을 억제하고 면역력을 높여 준다는 사실도 밝혀졌다. 한국인의 건강을 지켜 준 김치, 김치는 지역마다 맛이 다르다고 한다. 이 보물을 지키고 발전시킬 수 있도록 노력해야겠다.

▷ 통일성을 해친 문장: ______________________________

▷ 이유: ______________________________

2) 완결성

완결성이란 모든 문단은 주제에 대해 충분히 쓰고 끝내야 한다는 것이다. 중심 문장을 뒷받침할 수 있는 문장이 충분해야 한다. 만약에 자신의 주장을 밝히는 문단이라면 주장이 중심 문장이 될 것이고, 그 근거를 제시한 문장이 뒷받침 문장이 될 것이다. 이때 자신의 주장을 밝히는 근거를 한 가지만 제시할 것이 아니라 다양한 관점에서 살핀 근거를 충분히 제시해야 한다. 뒷받침 문장이 충분히 제시되지 않아 끝나지 않은 느낌을 주는 글은 완결성이 결여된 문단이 된다. 물론 뒷받침 문장이 적어도 완결된 문단이 될 수 있다. 독사의 수준에서 충분히 이해할 수 있거나, 화제 내용이 아는 것이라면 뒷받침 문장이 적어도 완결성을 갖춘 문단이 될 수 있다.

아래에 소개한 학생의 글은 완결성을 갖추기 위하여 나름대로 충실하게 뒷받침 문장을 덧붙이고 있다. 이 문단은 첫 문장이 중심 문장으로서, 터키에 있는 자원 봉사 단체를 소개하고 있다. 그리고 그 단체가 설립된 때와 장소, 운영, 현재의 모습을 덧붙이고 있다. 즉 자원 봉사 단체를 자세하게 설명하는 구체화 방법을 사용하고 있다.

> 터키에 실직자, 노숙자, 독거노인들을 무료로 도와주는 단체가 있다. 1963년에 이스탄불에서 설립되었다. 이 단체는 처음에 순수하게 개인의 자본으로만 만들어졌지만 나중에는 국가의 지원을 받아 운영하게 되었다. 이 단체는 처음에 이스탄불에서 약 45명 정도가 사용할 수 있는 건물 한 채로 시작했지만, 지금은 총 10,000명 정도가 사용할 수 있고 한 건물에 약 45명씩 22개의 건물이 있다.

그런데 다음의 문단은 이 자원봉사 단체가 무슨 일을 하는지 설명하는 것 같은데 내용이 부족하여 여러 번 읽어도 알 수 없고, 분량도 짧다. 이 문단은 중심 문장은 있으나 뒷받침 문장이 없어서 완성이 되지 않은 완결성이 부족한 문단이다.

> 그리고 이 단체는 한 달에 한 번 가족 저녁을 준비하고, 가족이 없는 어르신 분들의 외로움을 나눌 수 있는 기회를 만든다.

위 문단은 뒷받침 문장을 쓰지 않아서 쓰다가 만 듯한 글로 보인다. 이 문단을 완결하려면 어떻게 저녁을 준비하는지, 어떻게 어르신 분들의 외로움을 나눌 기회를 만드는지에 대하여 뒷받침 문장으로 보충하여야 한다.

그러므로 완결성을 갖춘 문단이 되려면 중심 문장에 대해 자세하게 설명을 해야 한다. 내용 상세화하기, 근거 제시하기, 이유 제시하기, 예시하기, 비교하기, 대조하기, 구분하기, 분류하기 등은 글의 완결성을 돕는 방법들이다.

① 내용 상세화하기

내용 상세화하기는 추상적인 개념을 자세히 설명해 주는 것인데 다음 문단을 통해 알아보자.

> 가난한 나라의 생산자들에게 적정 가격을 주고 상품을 구매하자는 윤리적 소비 운동이 확산되고 있다. 이것은 좀 귀찮고 비싸더라도 기존의 효율 중심의 소비에서 벗어나 생산자도 생각하는 건전한 소비를 하자는 것이다. '착한 커피'로 대표되는 이 운동은 코코아, 차, 바나나, 축구공 같은 여러 상품으로 확산되었다.

위 문단의 중심 문장은 "윤리적 소비 운동이 확산되고 있다."이다. 뒷받침 문장에서는 윤리적 소비 운동이 무엇인지, 어떤 분야로 확산되었는지 등을 자세히 설명하고 있다. 이처럼 상세화하기는 독자가 잘 알지 못하는 내용이나 전문적인 지식이 필요한 경우에 설명을 덧붙이는 것이다. 내용 상세화하기에서는 용어에 대한 정의를 내려 설명하기도 한다.

아래 글에서는 '존엄사 허용'에 대한 이야기를 하기 위해 먼저 '존엄사'가 무엇인지에 대한 정의를 덧붙여 독자의 이해를 돕는다.

> 전 세계 여러 나라들이 엄격한 요건 아래 존엄사를 허용하고 있다. 존엄사란 임종 단계에 있는 환자가 생명을 연장하는 연명 치료를 중단하고 자연적 죽음을 받아들이는 것을 말한다. 연명 치료 중단을 원하는 환자의 자기결정권을 존중하고 인간으로서 최소한의 존엄을 지킬 수 있도록 한다.

써 보기

다음 중심 문장을 보고 '내용 상세화하기'의 방법으로 뒷받침 문장을 써 보라.

▷ 중심 문장: 세계는 자유무역협정(Free Trade Agreement, FTA)으로 서로 얽혀 있다.

▷ 뒷받침 문장: ____________________

② 근거 제시하기

대학 리포트 쓰기에서는 통계 자료나 전문가의 의견을 인용하여 객관적인 근거를 제시하는 경우가 많다. 아래에 제시한 글은 마지막 문장이 중심 문장인데, 뒷받침 문장으로 한국정보화진흥원의 조사 결과를 인용하여, 한국인의 디지털 기기 의존도가 높은 점을 지적하고 있다.

> 한국정보화진흥원의 2014년 인터넷 중독 실태 조사에 따르면 약 15%에 이르는 한국인이 인터넷 중독에 해당한다고 한다. 이처럼 디지털 기기에 대한 의존도가 높은데도 우리 사회는 아직 디지털 치매에 대한 인식이 부족한 실정이다. 디지털 기기가 우리의 삶을 더욱 편하게 만든 것은 사실이지만 그 편리함에 빠져서 우리의 몸과 마음의 건강을 잃지 않도록 주의해야 할 것이다.

첫 번째 문장에서는 자료를 인용하는 표현으로 '-에 따르면 -다고 한다'를 사용하였다. 그냥 디지털 기기 의존도가 높다고 하는 것보다 이런 자료를 제시하면 글의 신뢰성과 타당성을 높일 수 있기도 하다. 그리고 이러한 뒷받침 문장 덕분에 읽는 이는 내용을 쉽게 이해할 수 있다.

써 보기

다음 중심 문장을 보고 '근거 제시하기'의 방법으로 뒷받침 문장을 이어서 써 보라.

▷ 중심 문장: 연예인의 사생활은 보호되어야 한다.

▷ 뒷받침 문장: ______________________________

③ 이유 제시하기

이유 제시하기는 소주제의 내용에 원인이나 이유를 제시해서 이해를 돕는 것이다.

한국인의 행복 지수가 점점 낮아지고 있다. 한국 갤럽 조사에 따르면 1인당 국내총생산(GDP) 이 약 3배 성장한 1992~2010년 사이 행복을 느끼는 한국인은 10% 줄었다. 해외 전문 기관들이 내놓는 행복 지수에서도 한국은 언제나 꼴찌 그룹이다. 심각해지는 경제적 불평등, 고용 없는 성장, 높은 자살률과 이혼율 등 사회적 문제 때문이다. 게다가 한국인의 평균 노동 시간은 2,090시간으로 경제협력개발기구(OECD) 회원국 가운데 가장 긴 시간이라고 한다.

위 예문은 "한국인의 행복 지수가 낮아지고 있다."는 것이 소주제인데 그 근거와 원인을 뒷받침 문장에서 밝히고 있다. 경제적 불평등, 고용 없는 성장, 높은 자살률과 이혼율, 긴 노동 시간 등이 한국인의 행복 지수를 낮추는 원인으로 제시되어 있다.

써 보기

다음 중심 문장을 보고 뒷받침 문장을 '이유 제시하기' 방법으로 써 보라.

▷ 중심 문장: 남녀를 구분하지 않고 외모에 대한 관심이 높아지고 있다.

▷ 뒷받침 문장: ______________________________

④ 예시하기

예시하기는 중심 문장의 내용을 구체적인 예를 들어 설명하는 것이다. 다음에 제시한 글에서는 "혈액형과 성격 사이에 밀접한 관계가 있다."는 소주제를 A형과 B형의 예를 들어 뒷받침하고 있다. '예를 들어'라는 표현을 사용해서 예시하기를 두드러지게 나타낸다. 예시하기는 글쓰기에서 중심 문장의 이해를 돕기 위하여 자주 사용하는 방법 중의 하나이다.

혈액형과 성격 사이에 밀접한 상관관계가 있다는 속설이 있다. 예를 들어 A형은 매사에 계획적이고 치밀하지만 소심하다는 단점이 있다고 한다. 그리고 B형은 개성이 강하며 성격의 변화가 심하다고 한다.

써 보기

다음 중심 문장을 보고 뒷받침 문장을 '예시하기'의 방법으로 써 보라.

▷ 중심 문장: 최근 지구 온난화 때문에 기후가 변화하고 있다.

▷ 뒷받침 문장: ______________________________

⑤ 비교, 대조하기

비교와 대조는 두 대상의 같은 점과 다른 점을 들어 설명하는 것이다. 아래 문단은 영화와 연극을 비교하고 대조함으로써, 두 대상에 대하여 충분히 설명하고 있다.

영화와 연극은 일정한 이야기를 바탕으로 배우의 연기를 주된 양식으로 하는 종합 예술이라는 점에서 비슷하다. 그러나 영화는 영원히 보존 가능하지만 연극은 일회적, 순간적이라는 점에서 다르다. 요즘 극장에서 추억의 옛 영화를 볼 수 있는 것은 영원히 보존 가능한 영화라는 장르의 특성 덕분이다. 반면에 그 배우가 나온 그 연극은 그날 말고는 볼 수가 없다는 아쉬움이 있다.

써 보기

다음 중심 문장을 보고 뒷받침 문장을 '비교, 대조하기'의 방법으로 써 보라.

▷ 중심 문장: 한국의 대학과 우리 나라의 대학은 차이가 있다.

▷ 뒷받침 문장: ______________________________

⑥ 구분, 분류하기

구분과 분류는 복잡한 현상을 질서화하거나 범주화하여 설명할 때 사용하는 글쓰기 방식이다. 둘 이상의 현상에서 종류를 나누어 설명하는 방법인데 상위 개념에서 하위 개념으로 질서화하는 것을 구분이라 하고, 그 반대로 질서화하는 것을 분류라 한다.

아래에 소개한 문단은 첫 번째 문장이 중심 문장이며, 두 번째 문장부터는 혈액의 한 구성원인 혈구를 구분하여 첫 번째 문장을 뒷받침한다.

> 혈액은 크게 혈장과 혈구로 구성되어 있다. 혈구는 다시 적혈구와 백혈구, 혈소판으로 나뉜다. 혈액세포 중 가장 수가 많은 것은 적혈구이다. 혈액 내에 약 25조 개의 적혈구가 존재한다. 양면의 중앙부가 오목하게 들어간 형상을 하고 있으며, 핵이 없다. 헤모글로빈을 품고 있어 산소를 운반하는 일을 한다. 골수에서 만들어지며, 혈액 속에서 약 100일간 작용한 후 파괴되지만, 혈액 속의 적혈구 수는 항상 일정하게 유지되고 있다.

써 보기

다음 중심 문장을 보고 뒷받침 문장을 '구분, 분류하기'의 방법으로 써 보라.

▷ 중심 문장: 자전거는 크게 세 부분으로 나눌 수 있다.

▷ 뒷받침 문장: ______________________________

글의 완결성을 높이기 위한 방법에는 이 외에도 주장하기나 문제 해결 방안 제시하기, 반론하기, 전망하기 등 글의 종류에 따라 더 다양한 방법이 있다.

<근거 제시하기를 위한 표현>

▸ -에 의하면/따르면 -다고 한다, -는 것으로 나타났다.

▸ 전문가들은 -다고 주장한다/밝힌다/지적한다/경고한다/알린다.

<예시에 유용한 표현>

▸ 예를 들면/예를 들어/예컨대

▸ 이것이 -의 예이다/예로 볼 수 있다.

▸ 실제로 -에서는/ -의 경우에도

<비교와 대조에 유용한 표현>

▸ -다/라는 점에서 비슷하다/다르다, -다/라는 점에서 -와/과 구별된다.

▸ -에 비해서

▸ -(으)ㄴ/는 반면에

▸ -와 다르게/유사하게

<구분, 분류에 유용한 표현>

▸ -은/는 -와/과 -로 나뉜다/나눌 수 있다.

▸ -은/는 -에 속하고, -은/는 -에 해당된다.

3) 긴밀성

긴밀성이란 문단들이 서로 내용상 연결이 되어야 한다는 것이다. 긴밀성을 높이기 위해서는 지시어나 접속사 등을 적절하게 사용해야 한다.

나라마다 자연환경이 다르고 역사가 다르기 때문에 문화가 다른 것은 당연하다. 이처럼 그 나라의 고유함을 인정하고 나라마다 문화가 다름을 인정하는 것을 우리는 문화 상대주의라고 한다. 이와 달리 어느 한 문화를 기준으로 하고 문화의 우열을 말한다면 그것은 문화 절대주의라고 할 수 있다. 자기 나라의 문화는 좋다고 말하면서, 자기 나라와 다른 문화는 미개하다고 한다면 그것은 자기 문화 중심주의에 빠진 문화 절대주의에 해당한다.

위 글은 문화 상대주의와 절대주의에 대하여 설명하고 있다. 먼저 문화 상대주의를 설명하는 두 번째 문장은 '이처럼'이란 표현을 사용하여 첫 번째 문장의 내용을 받아들이고 있다. 반면에 세 번째 문장은 문화 절대주의를 설명하기 위하여 앞 문장의 문화 상대주의와 대조하는 표현 '이와 달리'를 사용하고 있다. 독자는 글을 읽을 때 이러한 지시어와 접속사 때문에 문장 간의 의미 관계를 빨리 이해할 뿐만 아니라 전체 내용을 쉽게 파악한다. 이와 같이 문장들이 내용상 긴밀하게 연결되어 있을 때, 이를 긴밀성이라고 한다.

다음은 학생의 글로서 긴밀성이 부족하다.

진정한 봉사의 의미는 사회에서 사랑을 전하는 거라고 생각한다. 현대 사회에서 경제와 과학 기술의 발전에 따라서 산아 제한 정책을 해서 인구 고령화가 점점 심해지고 있다. 젊은 사람들이 바쁜 일 때문에 항상 부모님 곁에 모실 수 없어서 부모님이 독거노인이 되었다.

이 글의 중심 문장은 첫 번째로서 "진정한 봉사의 의미는 사회에서 사랑을 전하는 것이다."이다. 이 문단에서는 뒷받침 문장이 두 개인데 그 두 문장은 서로 연결 관계가 부족하다. 두 개의 뒷받침 문장이 연결되려면 두 문장 사이에 '그런데, 그렇지만, 하지만'과 같은 접속사를 넣어 주어야 한다. 두 개의 뒷받침 문장은 "과학 기술의 발달로 인구 고령화가 심해지고 있다. → 그런데 젊은이들은 바빠서 부모님을 곁에서 모실 수 없기 때문에 부모님이 독거노인이 되었다."처럼 전개되어야 자연스럽다.

써 보기

1. 다음 중심 문장을 보고 뒷받침 문장을 '긴밀성' 있게 써 보라.

▷ 중심 문장: 지난겨울 캐나다를 중심으로 세계 곳곳이 추위 때문에 몸살을 앓았다.

▷ 뒷받침 문장: ______________________________

2. 다음 문장들을 연결하여 문단을 완성해 보라(문맥의 흐름을 고려하여 적절한 접속어나 지시어 사용하기).

백화점은 고객들이 쇼핑에만 집중할 수 있게 만들었다.
창문과 시계가 없다.
시계가 없어야 시간 가는 줄 모르고 쇼핑에 빠져들기 때문이다.
창문이 없는 것도 같은 이유이다.
바깥 세상과 완전히 차단시켜 쇼핑에만 몰두하게 하는 것이다.
최근 창문이 있는 백화점이 등장했다.
매출에 어떤 영향을 미칠지 아직 모른다.
새로운 시도임에는 틀림없다.

→ 백화점은 고객들이 쇼핑에만 집중할 수 있게 만들었다. 그래서 ______

3.3. 문단 쓰기의 실제

1) 문단 구상하기

보통 하나의 중심 문장과 몇 개의 뒷받침 문장으로 문단을 만들 때, 중심 문장은 문단의 어느 곳에나 올 수 있다. 중심 문장의 위치에 따라 중심 문장이 뒷받침 문장의 앞에 오면 이를 두괄식 구성, 끝에 오면 미괄식 구성, 중간에 오면 중괄식 구성, 양쪽에 오면 양괄식 구성이라고 한다.

① 두괄식 구성

두괄식 구성은 내용을 파악하는 데 효과적이어서 문단을 쓸 때 많이 사용하는 방법이다. 앞에서도 소개한 이 글은 중심 문장이 앞에 있다.

터키에 실직자, 노숙자, 독거노인들을 무료로 도와주는 단체가 있다. 1963년에 이스탄불에서 설립되었다. 이 단체는 처음에 순수하게 개인의 자본으로만 만들어졌지만 나중에는 국가의 지원을 받아 운영하게 되었다. 이 단체는 처음에 이스탄불에서 약 45명 정도가 사용할 수 있는 건물 한 채로 시작했지만, 지금은 총 10,000명 정도가 사용할 수 있고 한 건물에 약 45명씩 22개의 건물이 있다.

② 미괄식 구성

미괄식 구성은 중심 문장이 뒤에 위치하는데 글을 읽는 동안 궁금증을 생기게 하여 글을 읽는 독자를 글에 집중하게 하는 장점이 있다. 이 문단에서는 마지막 문장인 "이 만화의 제목은 '대한민국 가족의 외식 이야기'이다."가 중심 문장이 된다.

누군가 그린 만화의 두 장면이다. 첫 번째 장면은 식당에서 가족 네 명이 음식을 주문하고 기다린다. 아버지와 어머니 맞은편에 아이 둘이 있다. 고등학생과 중학생으로 보이는 자녀들은 각각 자기 휴대 전화에 빠져 있다. 두 번째 장면은 식사를 하는 장면이다. 아이들은 음식을 먹으면서도 엄지손가락으로 계속 휴대 전화로 뭔가를 한다. 이 만화의 제목은 '대한민국 가족의 외식 이야기'이다.

③ 중괄식 구성

중심 문장이 앞이나 뒤에 있지 않고 중간에 있어서 중심 문장을 찾는 것이 어려우므로 집중해서 잘 찾아야 한다. 다음 글에서는 텔레비전을 볼 때 시력을 보호하기 위하여 되도록 멀리서 봐야 한다는 중심 내용이 가운데 위치해 있다.

텔레비전을 가까이에서 보면 시력이 나빠진다는 것은 많이 알려진 사실이다. 그러므로 텔레비전을 볼 때는 되도록 멀리서 봐야 한다. 너무 가까이에서 오랫동안 모니터를 주시하면 눈이 쉽게 피로해져서 빨리 나빠지게 된다. 텔레비전을 볼 때는 적어도 3m 이상 떨어져서 보는 것이 좋다고 한다.

④ 양괄식 구성

양괄식 구성에서는 주제가 두 번 나오는데 보통 강조하려고 할 때 사용하는 방법이다. 아래 글에서는 자신이 제일 좋아하는 계절이 봄이라는 것을 앞과 뒤에 두 번 제시하고 있다.

봄은 내가 제일 좋아하는 계절이다. 우선 날씨가 따뜻하고 예쁜 꽃이 많이 핀다. 추운 날씨를 싫어하는 나는 날씨가 따뜻하면 여기저기 다니며 활동하고 싶은 생각이 든다. 특히 나는 꽃을 좋아하기 때문에 꽃이 핀 곳이면 어디든지 다닌다. 따뜻한 날씨와 꽃이 있어서 나는 봄을 좋아한다.

2) 소주제문 작성하기

이 절에서는 문단 구성의 원리와 중심 문장의 위치를 바탕으로 문단을 직접 써 보기로 한다. 다음 문단의 뒷받침 문장을 읽고 중심 문장을 써 보자. 중심 문장은 어디에나 올 수 있으므로, 두괄식 구성, 미괄식 구성, 중괄식 구성, 양괄식 구성을 모두 만들어 보자.

① 두괄식 문단 만들기

______________________________. 데이트를 위해 한껏 멋을 내고 예쁘게 입고 나온 여자 친구에게 설령 옷이 좀 작아서 예쁘지 않더라도 예쁘다고 말해 주는 남자 친구의 거짓말은 필요하다. 친구가 실수로 내 발을 밟았지만 아프지 않은 척하는 거짓말은 친구의 마음을 헤아린 배려라서 아름답다.

② 미괄식 문단 만들기

데이트를 위해 한껏 멋을 내고 예쁘게 입고 나온 여자 친구에게 설령 옷이 좀 작아서 예쁘지 않더라도 예쁘다고 말해 주는 남자 친구의 거짓말은 필요하다. 친구가 실수로 내 발을 밟았지만 아프지 않은 척하는 거짓말은 친구의 마음을 헤아린 배려라서 아름답다. ______________________________.

③ 중괄식 문단 만들기

데이트를 위해 한껏 멋을 내고 예쁘게 입고 나온 여자 친구에게 설령 옷이 좀 작아서 예쁘지 않더라도 예쁘다고 말해 주는 남자 친구의 거짓말은 필요하다. ______________________________. 친구가 실수로 내 발을 밟았지만 아프지 않은 척하는 거짓말은 친구의 마음을 헤아린 배려라서 아름답다.

④ 양괄식 문단 만들기

____. 데이트를 위해 한껏 멋을 내고 예쁘게 입고 나온 여자 친구에게 설령 옷이 좀 작아서 예쁘지 않더라도 예쁘다고 말해 주는 남자 친구의 거짓말은 필요하다. 친구가 실수로 내 발을 밟았지만 아프지 않은 척하는 거짓말은 친구의 마음을 헤아린 배려라서 아름답다. __________________________.

3) 뒷받침 문장 구성하기

써 보기

다음 중심 문장의 이해를 도울 수 있도록 뒷받침 문장을 만들어 써 보라.

1 ▷ 중심 문장: 사형 제도는 없어져야 한다.

▷ 뒷받침 문장: ____

[2] ▷ 중심 문장: 한국인은 윗사람에 대한 예절을 중요하게 생각한다.

▷ 뒷받침 문장: ______________________________

4) 문단 완성하기

다음 주제에 대하여 네 문단 정도의 글을 써 보라. 다음의 예시 1, 2, 3 중에서 자기가 쓰고 싶은 것을 골라 한 편만 써라.

〈예시 1〉

소주제문: 한국의 대학과 우리나라의 대학은 차이가 많다.

〈예시 2〉

소주제문: 유전자 변형 식품은 생태계뿐만 아니라 인체에 유해하다.

〈예시 3〉

소주제문: 한국에서는 2018년 2월부터 존엄사가 가능해졌다.

04 바른 문장 쓰기

4.1. 한국어 문장의 이해

일반적으로 글을 구성하는 최소 단위를 문장이라 한다. 여러 개의 문장이 모여 하나의 문단을 이루고, 여러 개의 문단이 모여 한 편의 글을 이루기 때문이다. 따라서 문장은 글쓰기의 기본 단위로, 문장을 올바르게 쓸 수 있어야 좋은 글을 쓸 수 있다. 하나의 문장에는 그 문장을 구성하는 여러 요소가 있는데 이를 '문장 성분'이라고 한다. 문장의 성분에는 주성분과 부속 성분, 그리고 독립 성분이 있다. 주성분은 문장의 골격을 이루는 필수 성분으로 주어, 서술어, 목적어, 보어가 있다. 부속 성분은 주로 주성분의 내용을 수식하는 성분으로, 관형어와 부사어가 있다. 독립 성분은 주성분이나 부속 성분과 직접적인 관계가 없이 문장에서 따로 독립해 있는 성분으로 독립어가 해당된다.

1) 주어

한 문장에서 서술어가 나타내는 동작이나 상태의 주체를 나타내는 말이다. 한국어의 주어는 원칙적으로 체언, 즉 명사나 대명사, 수사에 주격 조사 '-이/가'가 붙어서 성립되는데, 주어가 높임의 대상이 되는 경우 '-께서'가 붙는다. 또한 경우에 따라서는 주격 조사 대신 '-만, -도, -까지' 등과 같은 보조사가 결합하여 주어로 실현될 수 있다.

(1) 꽃이 예쁘다. / 꽃만 예쁘다.

(2) 민규가 학교에 간다. / 민규도 학교에 간다.

(3) 선생님께서 우리들을 칭찬하셨다.

2) 서술어

주어의 동작이나, 상태, 성질 등을 나타내는 말로, 한국어의 서술어는 용언, 즉 동사와 형용사, 그리고 체언에 서술격 조사 '-이다'를 결합하여 표현한다.

(4) 바람이 분다. (동사)

(5) 날씨가 맑다. (형용사)

(6) 나는 유학생이다. (체언 + 이다)

3) 목적어

타동사가 서술어로 쓰인 문장에서 그 동작의 대상이 되는 문장 성분이다. 한국어의 목적어는 체언에 목적격 조사 '-을/를'이 결합하여 실현되는데 때로는 보조사가 결합하여 목적어로 실현될 수 있다.

(7) 아이가 책을 읽는다.

(8) 아이가 책도 읽는다.

4) 보어

서술어 중에 '되다'와 '아니다'와 같이 주어와 서술어만으로는 문장의 뜻이 완전하지 못한 문장에서 그 문장의 뜻을 완전하게 보충하여 주는 말이다. '되다', '아니다' 앞에 주어 이외에 조사 '-이/가'가 결합된 문장 성분이다.

(9) 물이 <u>얼음이</u> 되었다.
(10) 고래는 <u>물고기가</u> 아니다.

5) 관형어

체언으로 실현되는 주어나 목적어 등의 앞에서 이들의 뜻을 꾸며 주는 구실을 하는 문장 성분으로, 문장에 꼭 필요한 성분은 아니다. 관형어는 관형사, 체언, '체언 + -의', 동사와 형용사의 관형사형 등에 의해 실현된다.

(11) 동생이 <u>새</u> 옷을 샀다. (관형사)
(12) 나는 <u>옆집</u> 할머니께 인사를 드렸다. (체언)
(13) <u>한국의</u> 가을은 매우 아름답다. (체언 + '-의')
(14) 내가 <u>좋아하는</u> 한국 배우는 송중기이다. (동사의 관형사형)

6) 부사어

주로 서술어를 꾸미는 문장 성분으로 본래 필수 성분은 아니지만, 동사 '넣다, 두다, 주다', 형용사 '같다, 다르다, 비슷하다' 등과 같이 서술어에 따라서는 부사어를 필수적으로 요구하기도 한다. 보통 부사어는 부사, '부사 + 보조사', '체언 + 부사격 조사', '형용사 + -게' 등으로 실현된다.

(15) 오늘은 날씨가 아주 맑다. (부사)

(16) 고향의 부모님이 너무나 그리웠다. (부사 + 보조사)

(17) 나는 주말에 도서관에서 시험 공부를 했다. (체언 + 부사격 조사)

(18) 이 선생님은 한국어 수업을 재미있게 가르치신다. (형용사 + '-게')

(19) 친구가 나에게 선물을 주었다. (체언 + 부사격 조사; 필수적 부사어)

7) 독립어

문장의 다른 성분과 직접적인 관련 없이 독립적으로 쓰는 말이다. 감탄사, '체언 + 호격조사', 또는 접속 부사 등이 독립어가 된다.

(20) 아, 꽃이 참 예쁘구나! (감탄사)

(21) 민규야, 어디 가니? (체언 + 호격조사)

(22) 장미는 아름답다. 그러나 가시가 많다. (접속 부사)

지금까지 살펴본 바와 같이 하나의 문장은 여러 가지 문장 성분들로 이루어진다. 그 중에서 문장의 필수 성분만으로 이루어진 한국어 단문의 유형에는 다음의 네 가지가 있다.

① 주어-서술어: 하늘이 푸르다.
② 주어-보어-서술어: 친구가 소설가가 되었다.
③ 주어-목적어-서술어: 경찰이 도둑을 잡았다.
④ 주어-목적어-필수적 부사어-서술어: 나는 책을 가방에 넣었다.

이러한 단문은 체언이나 용언 앞에 하나의 단어나 구(句)로 이루어진 관형어나 부사어와 같은 수식어를 넣음으로써 다음과 같이 확대할 수 있다.

(23) 하늘이 참 푸르다. (부사; 부사어)
(24) 친구가 매우 유명한 소설가가 되었다. (관형구; 관형어)
(25) 경찰이 도둑을 아주 재빠르게 잡았다. (부사구; 부사어)
(26) 나는 책을 새 가방에 넣었다. (관형사; 관형어)

또한 단문은 그 뒤에 다른 문장을 연결하거나 혹은 하나의 문장 성분 자리에 다른 문장을 삽입하여 복문으로도 확대할 수 있다.

(27) 하늘이 푸르고 (하늘이) 아름답다.
(28) 친구가 소설가가 되어서, 나는 무척 기뻤다.
(29) 경찰이 도둑을 잡기가 쉽지 않았다.
(30) 나는 친구가 쓴 책을 가방에 넣었다.

(27)과 (28)은 각각 '(하늘이) 아름답다'와 '나는 무척 기뻤다'라는 문장이 '하늘이 푸르다'와 '친구가 소설가가 되었다'라는 문장 뒤에 연결된 것이다. 이렇게 두 개 이상의 문장이 앞뒤로 연결된 문장을 '접속문'이라 한다. 이처럼 접속문을 만들 때에는 앞 문장의 서

술어 어간에 '-고, -어서'와 같은 적절한 연결 어미를 결합시켜야 함에 유의해야 한다.

(29)는 '-가 쉽지 않았다'라는 문장의 주어 자리에 '경찰이 도둑을 잡다'라는 문장이 들어간 것이다. 이와 같이 다른 문장 안에 하나의 문장 성분으로 들어가 있는 문장을 '절'이라고 한다. (29)와 같이 서술어로 끝나는 문장을 주어나 목적어로 만들기 위해서는 종결 어미 '-다' 대신 '-음, -기' 혹은 '-ㄴ/는 것'을 붙여 명사로 바꾸어야 한다. 마찬가지로 (30)도 '나는 책을 가방에 넣었다'라는 문장 속에 '친구가 (책을) 썼다'라는 문장을 넣어 복문을 만든 것이다. 그러나 여기에서는 '친구가 (책을) 썼다'라는 문장이 뒤에 나오는 '책을' 꾸며 주는 역할을 해야 하므로 서술어를 관형어로 바꾸어야 한다. 이와 같이 서술어를 관형어로 바꾸기 위해서는 문장의 의미에 따라 관형사형 어미 '-ㄴ'이나 '-ㄹ'을 결합시켜야 한다.

(29)의 '경찰이 도둑을 잡기'와 (30)의 '친구가 쓴'과 같이 다른 문장 속에 들어가 그 문장의 주어나 관형어 등의 역할을 하는 문장을 특히 '내포절'이라고 한다. 그리고 (29)처럼 하나의 절이 명사처럼 다른 문장 속에 들어가 주어나 목적어 등의 역할을 하는 절을 '명사절'이라고 하고, (30)처럼 관형어 역할을 하는 절을 '관형절'이라고 부른다. 반면, (28)과 같이 접속문의 앞에 오는 문장은 마치 부사처럼 뒤에 오는 문장을 수식하므로 '부사절'이라고 부른다. 이와 같이 하나의 절(節)이 문장 성분이 될 수도 있다.

연습하기

1. 다음 밑줄 친 부분의 문장 성분을 밝혀 보자.

1) 예린아, 너 숙제했니? (   )

2) 은주는 엄마와 닮았다. (   )

3) 화단에 예쁜 꽃이 피었다. (   )

4) 그가 고향을 떠났음이 분명하다. (   )

5) 그 사람은 한국 최고의 배우가 아니다. (   )

6) 요즘 학교폭력이 매우 심각한 상황이다. (   )

7) 우리는 밤이 새도록 도서관에서 공부를 했다. (   )

8) 나는 사람들이 왜 그에게 열광하는지 모르겠다. (   )

2. 다음 밑줄 친 부분에 괄호 안의 말을 넣어 문장을 완성해 보자.

1) 영희는 __________ 싸웠다. (친구)

2) __________ 다가서지 마시오. (위험물)

3) 혜진이가 옷을 너무 __________ 샀다. (큰 것)

4) 이 시는 어머니를 그리는 __________ 나타냈다. (마음)

5) 하루 평균 한 시간 __________ 독서량을 보였다. (미만)

6) 우리 학교가 __________ 사실이 보도되었다. (우승하다)

7) 예상하지 못한 __________ 사람들이 깜짝 놀랐다. (결과)

8) 그것은 다른 나라에서는 쉽게 __________ 어렵다. (찾아보다)

9) 글쓰기 능력은 우리에게 매우 __________ 능력이다. (중요하다)

10) 독서는 한국어 실력을 향상시키는 데 큰 __________ 된다. (돕다)

3. <보기>와 같이 밑줄 친 문장 성분이 무엇인지 밝혀 보자.

<보기> 우리 학교 캠퍼스는 아주 크다. (주어)

1) 기차가 아주 빨리 달렸다. (　　　　　)

2) 소리도 없이 눈이 내린다. (　　　　　)

3) 그는 지금도 그곳에 남아 있음이 분명하다. (　　　　　)

4) 나는 도서관에서 과제에 참고할 책을 빌렸다. (　　　　　)

5) 어머니께서는 내가 빨리 돌아오기를 바라신다. (　　　　　)

4. <보기>와 같이 두 문장을 하나의 문장으로 만들어 보자.

<보기> 나는 아침을 먹지 않았다. 나는 학교에 갔다.
➡ 나는 아침을 먹지 않고 학교에 갔다.

1) 봄이 온다. 꽃이 핀다.

➡

2) 대학원에 진학한다. 나의 목표이다.

➡

3) 한국어로 글을 쓴다. 글쓰기가 어렵다.

➡

4) 좋은 성적을 받는다. 나는 열심히 공부한다.

➡

5) 학생증이 있다. 도서관에서 책을 빌릴 수 있다.

➡

4.2. 나의 문장 쓰기 오류

좋은 글을 쓰기 위해서는 우선 기본적으로 문장을 바르게 써야 한다. 문법에 맞지 않거나, 어휘를 잘못 사용하여 글을 쓰게 되면 독자가 글을 쓴 사람의 생각을 올바로 이해할 수 없기 때문이다. 그런데 우리가 외국어를 배울 때는 모국어의 영향이나 외국어 학습의 부족 등으로 자주 오류를 범하게 되는데, 자신이 사용하는 문장이 오류인지 아닌지를 정확히 알지 못할 때가 많다. 이 절에서는 외국인 유학생이 자주 범하는 오류를 몇 가지 유형으로 나누어 살펴보기로 한다.

<이 절에서 사용한 부호들>

* 오류 문장 표시
√ 오류 표현을 자연스럽게 고침
? 비문은 아니지만 불완전하거나 어색한 문장
?? 매우 불완전하거나 어색한 문장
∅ 생략 표시

1) 어휘 오류

올바른 문장을 쓰기 위해서는 문장에 사용되는 어휘가 정확해야 하며, 어휘를 정확하게 사용하기 위해서는 해당 어휘의 기본 형태와 의미를 잘 알아야 한다.

(1) *옷이 <u>여쁘고</u>(√ 예쁘고) 쌉니다.

(2) *저에게도 <u>칠천</u>(√ 친절)해서 저도 기뻤다.

(3) *<u>기본</u>(√ 기분)이 너무 <u>석상</u>(√ 속상)합니다.

(4) *경제적으로 여유한다(√ 여유롭다)고 응답한 사람은

(5) *한국에서 공부한 지 오래되었지만 외롭하지(√ 외롭지) 않습니다.

위의 예는 학습자가 괄호 안에 제시된 어휘의 형태를 정확히 알지 못해 오류를 범한 것이다. 특히 (4)와 (5)는 한국어의 서술어가 '명사 + 하다'와 같이 '-하다'로 이루어진 경우가 많아서 학습자가 '*여유하다', '*외롭하다'와 같은 잘못된 서술어를 만든 것으로 보인다. 이와 같은 오류는 문맥에 의해서 의미 파악을 할 수 있는 경우도 있지만, 하나의 잘못된 형태만으로도 화자의 정확한 의도를 알기 어려운 경우가 많으므로 주의해야 한다.

(6) *일상생활도 스스로 편의(√ 편리)해졌다.

(7) *한국 문화나 습관(√ 관습)을 배우고 싶습니다.

(8) *제가 나이가 더 크지만(√ 많지만) 사이가 좋습니다.

(9) *친구들과 농구를 놀아요(√ 해요).

(10) *다음에 선생님도 같이 오세요(√ 가세요).

(6)~(10)은 어휘의 정확한 의미를 알지 못하고 학습자의 모국어를 그대로 번역하여 사용한 오류이다. '편의'와 '편리', '습관'과 '관습'은 의미의 유사성이 있으나 서로 교체하여 쓸 수 있는 동의어가 아니다. 중국어에서는 '대(大)'가 '크다'의 의미뿐 아니라 '(나이가) 많다'의 뜻으로도 사용될 수 있으나, 한국어에서는 그렇지 않다. '놀다'는 영어 'play'를 그대로 번역해 쓴 것인데, 한국어에서는 '농구를 하다'라고 써야 맞는 표현이 된다. (10)의 '오다'도 영어의 'come'을 그대로 번역해 쓴 것이다. 영어의 'come'은 상황에 따라 '오다'와 '가다'의 의미로 다 쓰일 수 있는데, 흔히 한국어 '오다'에 대응하는 것으로 번역되기 때문에 발생한 오류이다. 이와 같이 어휘의 의미를 정확히 모르거나, 의미는 비슷하지만 문맥에 맞지 않는 단어를 써서 문장이 어색해지는 경우가 매우 빈번하다.

(11) *한국 나라에만 있어요.

(12) *일 년간 동안 충남대학교에서 공부했습니다.

(11)′ 한국에만 있어요.

(12)′ 일 년간 충남대학교에서 공부했습니다.

위의 (11)과 (12)는 '한국'과 '나라', '-간(間)'과 '동안'이 의미상 중복되어 있다. 이와 같이 비슷한 의미의 어휘를 반복하여 써도 자연스럽지 못한 문장이 될 수 있다. 따라서 (11)′와 (12)′와 같이 불필요한 어휘의 중복을 피해야 한다.

이와 반대로 문장에 필요한 어휘가 생략되어 비문이 되거나 자연스럽지 못한 문장이 되는 경우도 있다.

(13) ?∅ 일본 도쿄에서 왔습니다.

(14) *우리 생활이 훨씬 좋아진 ∅ 같습니다.

(15) *그 사진은 제가 베트남에서 ∅ 사진입니다.

(13)은 주어가 생략된 예로 비문이라고 할 수는 없어도 '왔습니다'의 주체가 누구인지 알 수 없는 불완전한 정보를 주고 있다. (14)는 관형절 '우리 생활이 훨씬 좋아진'이 수식할 수 있는 대상 어휘가 생략되어 있고, (15)는 '제가'와 호응하는 서술어이면서, 동시에 뒤에 나오는 '사진'을 꾸며줄 수 있는 관형어 성분이 생략되어 비문이 된 것이다. 위의 문장에 필요한 어휘를 삽입하면 다음과 같이 완전하고 자연스러운 문장이 된다.

(13)′ 저는 일본 도쿄에서 왔습니다.

(14)′ 우리 생활이 훨씬 좋아진 것 같습니다.

(15)′ 그 사진은 제가 베트남에서 찍은 사진입니다.

2) 문법 오류

어휘의 기본 형태와 의미를 정확히 안다 하더라도 문장에서의 결합관계와 기능에 맞게 사용하지 못하면 문장이 제대로 이루어지지 않는다.

(16) *서울에 경치가 아름답아요(√ 아름다워요).

(17) *멀은(√ 먼) 곳에서 온 아이는 가족들이 정말 그리웠습니다.

(18) *직장인은 바쁘지만 독서가 필요한다(√ 필요하다).

(19) *나는 불편하는(√ 불편한) 일이 너무 싫었다.

(20) *교실에 가서(√ 가려면) 3층에 올라가야 해요.

(21) *김치가 매워지만(√ 매웠지만) 맛있었어요.

(16)과 (17)은 '아름답다'와 '멀다'가 어미와 결합할 때 각각 'ㅂ' 불규칙 활용과 'ㄹ' 탈락이 이루어져야 하는데 이러한 규칙을 적용하지 못해서 발생한 오류이다. (18)과 (19)는 형용사 '필요하다'와 '불편하다'를 동사처럼 잘못 활용한 예이다. 즉 (18)은 현재 시간을 나타내므로 형용사의 기본형을 써야 되는데 동사의 현재형처럼 '-ㄴ/는다'를 결합시킨 예이고, (19) 역시 동사처럼 관형사형 어미 '-는'을 잘못 결합시킨 예이다. (20)은 연결 어미 '-려면'을 써야 하는데 '-아서'를 쓴 오류이고, (21)은 과거를 나타내는 선어말 어미 '-었-'을 누락시킨 오류이다.

(22) *저는 프랑스에(√ 프랑스를) 아주 좋아합니다.

(23) *광시는 중국의 제일 남쪽에서(√ 남쪽에) 있습니다.

(24) *우리는 대학교 친구습니다(√ 친구입니다).

(25) *고령(√ 고령의) 사람들에게 매월 돈을 주면 좋겠다.

(26) *중국사람이와 외국사람이도 있습니다.

(26)′ 중국사람과 외국사람도 있습니다.

(22)~(26)은 조사의 사용에 오류가 있는 문장이다. (22)는 타동사 '좋아하다'의 목적어로 '프랑스'에 목적격 조사 '-를'을 결합시켜야 하는데 장소를 나타내는 부사격 조사 '-에'를 잘못 결합시킨 오류이다. (23)은 부사격 조사 '-에서'와 '-에'를 혼동한 오류이고, (24)와 (25)는 각각 서술격 조사 '-이'와 관형격 조사 '-의'를 누락시킨 오류이다. 반대로 (26)은 (26)′에서 확인해 볼 수 있는 것처럼 불필요한 주격 조사를 첨가하여 발생한 오류이다. 이와 같이 조사를 잘못 사용하거나 누락시키는 오류도 어미의 오류와 같이 매우 빈번히 발생한다.

3) 어휘의 호응 관계 오류

언어 표현 중에는 특정 어휘들이 항상 짝을 이루어 쓰이는 것들이 있는데 이러한 어휘의 호응 관계는 언어마다 다르다. 예를 들어 영어의 'open'은 '열다'의 의미를 나타내는 동사로 아래 (27)과 같이 '눈, 입, 문' 등과 같은 명사와 결합하여 쓰일 수 있다. 그러나 이에 대응하는 한국어 표현에서는 '문을 열다'만 자연스럽고, '눈을 열다'와 '입을 열다'는 매우 이상한 말이 된다. 한국어에서도 '입을 열다'는 표현이 있지만 이는 '이야기를 꺼내다'의 의미로 쓰이는 것으로 단순히 신체 기관의 '입'을 개방하는 의미로 쓸 때는 (28)과 같이 '벌리다'는 어휘를 사용해야 한다.

(27) Open one's eyes, Open one's mouth, Open the door

(28) *눈을 열다(√ 뜨다), *입을 열다(√ 벌리다), 문을 열다

이처럼 명사에 따라 함께 쓰이는 서술어가 제한되는 경우가 많은데 이를 제대로 학습하지 못한 학습자는 그와 유사한 의미를 갖는 서술어를 잘못 사용하게 된다.

(29) *내 취미는 바이올린을 치는(√ 켜는) 것이다.

(30) *병원에 있는 동안에 가족들 생각이 많이 나왔다(√ 났다).

(31) *이번에는 시간을 많이 걸려서(√ 들여서) 과제를 열심히 했다.

(29)는 '피아노를 치다'와 같은 표현에서 영향을 받은 것으로 보이는데, 한국어에서는 '바이올린'과 같은 현악기는 '켜다'라는 동사를 사용한다. '나오다'와 '나다'도 유사한 의미를 갖지만 '생각이 나오다'는 자연스럽지 못한 표현이다. 그리고 '시간'은 '걸리다', '들이다'와 같은 동사와 다 결합될 수 있지만, '시간이 걸리다', '시간을 들이다' 등과 같이 결합하는 문장 성분이 다름에 유의해야 한다.

그 밖에 부사어나 보조사가 결합된 어휘가 뒤따르는 서술어와 호응이 맞지 않아 생긴 오류도 있다.

(32) *내가 슬픈 것은 왜냐면 성적이 떨어졌다(√ 떨어졌기 때문이다).

(33) *옛날에 지구가 얼마나 아름답지만(√ 아름다웠는지) 못 봤다.

(34) *핸드폰이야말로(√ 핸드폰만) 있으면 될 거라고 생각한다.

'왜냐면'은 이유를 나타내는 표현 '때문이다'와 호응해야 하고, 부사 '얼마나'는 '-는지, -ㄹ까'와 같은 의문을 나타내는 어미와 호응해야 한다. 그리고 보조사 '-야말로'와 '-만'은 둘 다 '강조'나 '한정'의 의미가 있으나, '-(으)면'의 앞에 쓰여 어떤 상태가 되기 위한 조건을 나타내는 경우에는 '-만'이 자연스럽다.

연습하기

1. 다음 문장에서 오류를 찾아 적절한 표현으로 고쳐 보자.

1) 요즘 새벽 공기가 싱싱하다. ➡

2) 나는 재미있은 사람을 좋아해요. ➡

3) 그리고 거리를 걸고 싶십니다. ➡

4) 태국의 사람을 친절하고 예뻐요. ➡

5) 제주도는 경치도 아름다웁니다. ➡

6) 친구가 높은 산은 가고 싶어 해요. ➡

7) 우리 친구도 똑똑한 사람이습니다. ➡

8) 마음이 평화해지는 것 쉽지 않다. ➡

9) 모든 사람이 다 관심하면 좋은 변화가 생길 것이다.

➡

10) 학생들이 나이가 너무 작아서 마음이 아직 안 성숙하다.

➡

2. 다음 글의 밑줄 친 부분에 알맞은 조사를 넣어 보자.

유난히 큰 알에서 태어난 새끼 오리______ 보통의 오리들______ 다르게 생겼다는 이유______ 주변 오리들______ 괴롭힘을 당한다. 이처럼 상처______ 받은 새끼 오리는 집을 떠나고, 어느 마음씨 좋은 할머니의 집______ 지내게 된다. 하지만 그곳에 있던 고양이______ 닭______ 괴롭힘에 못 이겨 새끼 오리______ 결국 또 도망쳐 나온다. 그러던 어느 날 우연히 새끼 오리______ 자신______ 하늘______ 날 수 있음______ 알게 된다. 못생긴 오리인 줄만 알았던 새끼 오리는 사실은 아름다운 백조였던 것이다.

3. <보기>와 같이 적절한 조사와 어미를 사용하여 문장을 완성해 보자.

> <보기> 지난주, 교수님, 진로 상담, 받다.
>
> ➡ 지난주에 교수님께 진로 상담을 받았다.

1) 그, 나, 한국어, 실력, 더, 좋다.

➡

2) 나, 성적, 우수하다, 장학금, 받다.

➡

3) 한국, 여름, 날씨, 덥다, 습도, 높다.

➡

4) 오랜만, 집, 돌아오다, 행복하다, 생각, 들다.

➡

5) 외국인 유학생, 반드시, 한국어 글쓰기, 수업, 듣다, 한다.

➡

4. 다음 글에 나타나는 오류를 찾아 적절한 표현으로 고쳐 보자.

> 장애인들 마음과 몸이 불편한다. 슬프 때문에 장애인의 마음 병이 걸렸는다. 자기밖에 다른 사람을 없는다. 제일 중요한 방법은 정부 나서서 필요한다.

4.3. 어법에 맞는 문장 쓰기

1) 문장 성분 바로 쓰기

주어, 목적어 등 문장에 필요한 성분이 제대로 갖추어져 있을 때 올바른 문장이 된다. 한국어의 경우에는 주어나 목적어 등 문장 성분의 생략이 비교적 쉽게 일어난다. 또한 앞 절에서 살펴본 바와 같이 접속문이나 내포절 등 복문에서 동일한 문장 성분이 반복될 때에는 생략하는 것이 더 자연스럽기까지 하다. 그러나 그와 같은 경우를 제외하고 필요한 문장 성분을 빠트리게 되면 오류 문장이 되거나 정보가 부족한 불완전한 문장이 된다.

(1) 나는 ∅ 아주 좋은 사람이라고 생각한다.

(2) ∅ 교통이 너무 불편하다.

(3) ∅ 열심히 안 하는 학생에게는 체벌이 필요하다.

(4) 나는 경제적 여유가 ∅ 가장 중요한 조건이라고 생각한다.

위의 문장에는 ∅ 부분에 필요한 문장 성분이 빠져 있다. 이를 보충한 다음 문장들과 위의 문장들을 비교해 보자.

(1)′ 나는 <u>민규가</u> 아주 좋은 사람이라고 생각한다.

(2)′ <u>시골은</u> 교통이 너무 불편하다.

(3)′ <u>공부를</u> 열심히 안 하는 학생에게는 체벌이 필요하다.

(4)′ 나는 경제적 여유가 <u>행복한 삶에</u> 가장 중요한 조건이라고 생각한다.

예를 들어서 (1)의 문장은 '아주 좋은 사람'의 주체가 '나'가 되나 (1)′에서는 '민규'가 되어 문장의 의미가 전혀 다른 것이 됨을 알 수 있다. 또한 (2)'는 (2)의 문장에 비해 독자에게 충분한 정보를 전달해 주고 있다. 이와 같이 저자의 생각을 정확히 전달하기 위해서는 문장에 필요한 성분을 빠트리지 말아야 한다.

(5) *현대 사람은 혼자 생활하는 위험과 외롭(√ 외로움)을 체험해야 한다.

(6) *나는 선생님께 무서운(√ 무서움) 생겼다.

(7) *이 원인은 나라 문화 달라(√ 다르기) 때문이다.

(8) *주변이 조용하는(√ 조용한) 것이 아주 중요해요.

위의 문장은 필요한 문장 성분을 다 갖추고 있지만 문장 성분의 형태가 올바르지 못한 오류이다. (5)에서는 '위험과 외로움'이 '체험하다'의 목적어 성분이 되어야 하는데 '외롭-'은 형용사의 어간으로 보통 서술어가 되기 때문이다. 일반적으로 주어나 목적어와 같은 성분이 되기 위해서는 명사나 대명사, 수사와 같은 체언이 되어야 한다. 따라서 '외롭다'를 명사형인 '외로움'으로 바꾸어야 한다. 유사하게 (6)은 '무서움'이라는 명사형을 써야 될 곳에 형용사 '무섭-'에 관형사형 어미 '-ㄴ'을 결합시킨 관형어를 쓴 오류이다. '무서운'과 같은 관형어는 체언을 수식해 주는 성분이므로 바로 뒤에 서술어가 올 수 없다.

(7)도 명사형 '다르기'와 같이 '때문'을 수식해 주는 명사형을 써야 하는데 형용사 '다르-'에 연결 어미 '-아'를 결합시킨 오류이다. (8)은 형용사 '조용하다'를 뒤에 나오는 '것'을 수식하는 관형어로 바꿀 때 동사처럼 관형사형 어미 '-는'을 잘못 결합시킨 오류이다. 이와 같이 기본적으로 적절한 어휘를 선택하였다 하더라도 문장에서의 쓰임에 맞는 정확한 문장 성분으로 바꾸지 않으면 올바른 문장이 될 수 없음에 유의해야 한다.

2) 문장 성분 호응하기

문장 성분의 호응은 특정 문장 성분이 뒤에 오는 성분을 제한하는 것이다. 따라서 올바른 문장을 쓰기 위해서는 이러한 문장 성분 간의 호응 관계도 잘 고려하여야 된다.

① 주어와 서술어의 호응

주어와 서술어는 문장을 이루는 가장 중요한 요소로서 두 성분이 자연스럽게 서로 호응할 때 올바른 문장이 된다.

(9) *우리는 지금 많이 돈을(√ 돈이) 없다.

(10) *나는 고양을(√ 고향이) 그립다.

(11) *아기를 낳으면 보육비를(√ 보육비가) 많이 필요하다.

(12) *사평은 날씨를(√ 날씨가) 아주 따뜻해요.

(13) *나는 친구를(√ 친구가) 재미있습니다.

위의 문장은 서술어가 형용사이므로 앞의 체언이 주어가 되어야 하는데 목적어를 결합시킨 오류이다. 이는 중국인 학습자에게서 자주 발생하는 오류이다. (9)~(11)의 서술어 '없다, 그립다, 필요하다'가 중국어에서는 보통 목적어를 필요로 하는 타동사이기 때문에 바로 앞에 오는 체언을 목적어로 인식하는 것이다. (12), (13)의 '따뜻하다, 재미있다'는 한국어와 같이 형용사이지만, 한국어의 이중주어문을 정확히 알지 못하는 학습자는 서술어 앞에 두 개의 체언이 올 때에 첫 번째 체언은 주어로, 두 번째 체언은 목적어로 표현하는 경향이 있다. 그러나 한국어에서는 이들 서술어가 형용사이고 형용사 앞에는 목적어가 올 수 없음에 유의해야 한다.

또한 다음과 같은 호응 관계도 주의해야 한다.

(14) *내가 희망하는 직장(√ 직업)은 교사이다.

(15) *기말 시험을 잘 못 봐서 나쁜 성적이 나올까 우려가 높다(√ 많다).

(16) *나의 꿈은 대학원에서 열심히 공부하여 박사가 되려고 한다.(√ 되는것이다).

위의 예는 어휘의 의미상 주어와 서술어의 호응 관계가 어색한 문장이다. (14)의 '교사'는 직업의 한 종류이므로 '직장'이 아니라 '직업'이라는 말을 사용해야 하고, (15)의 '우려'는 '걱정, 근심'과 유사한 의미를 가지므로 '많다'가 적절하다. (16)은 주어가 '나의 꿈'인데 의도를 나타내는 '-려고 하다'와 호응하게 되어 비문이 된 것이다.

② 목적어와 서술어의 호응

목적어가 들어 있거나 타동사가 쓰인 문장은 목적어와 서술어 간의 호응을 살펴야 한다.

(17) *이 친구는 그림을 좋습니다(√ 좋아합니다).

(18) *문제 생겨도 무섭지(√ 무서워하지) 말고

(19) *저는 중국에(√ 중국을) 제일 좋아합니다.

(20) *저는 부모님을 싶어요(√ 보고 싶어요).

(17)과 (18)은 목적어와 호응하는 타동사를 써야 하는데 형용사를 사용한 문장이다. 특히 중국인 학습자는 '좋다, 무섭다, 그립다, 즐겁다'와 같이 심리를 나타내는 형용사를 위와 같이 목적어와 결합시키는 오류를 자주 범한다. 그러나 한국어에서 이러한 형용사는 '좋아하다, 무서워하다, 그리워하다, 즐거워하다'와 같은 타동사와 의미면에서는 유사하지만, 문장에서 다른 성분과 결합하는 양상이 전혀 다른 품사이다.

(19)의 '중국'은 장소를 나타내는 명사로 인식될 수 있어 부사격 조사 '-에'를 결합시킨

오류로 보인다. 그러나 '좋아하다'는 타동사로서 목적어와 호응함에 유의해야 한다. (20)은 '보고 싶다'와 같은 타동사를 써야 하는데 의미가 유사한 보조 형용사 '싶다'를 쓴 오류이다. 한국어에서는 '싶다'와 같은 보조용언은 독립하여 쓰이지 못하고 항상 본용언 뒤에 결합함에 유의하여야 한다.

③ 수식어와 피수식어의 호응

한국어에서는 관형어와 부사어가 각각 체언과 용언을 수식해 주는 기능을 하는데 이러한 수식어도 그 뒤에 결합되는 피수식어와 호응을 이루어야 한다.

(21) *자동차를 <u>많은</u>(√ 많이) 운전하면

(22) *인터넷을 <u>건강한</u>(√ 건강하게) 사용하면

(23) *제일 <u>심하게</u>(√ 심한) 문제는 언어이다.

(24) *서양의 교육은 동양의 교육보다 더 <u>자유롭게</u>(√ 자유로운) 교육 방식이다.

위의 문장은 모두 수식어와 피수식어의 호응이 잘못된 예들이다. (21)과 (22)는 뒤의 서술어를 수식해 주는 부사어가 필요한데 체언을 수식해 주는 관형어 '많은', '건강한'을 사용한 오류이다. 반대로 (23)과 (24)는 체언인 '문제'와 '교육 방식'을 수식해 주는 관형어가 필요한데 용언을 수식하는 부사어 '심하게'와 '자유롭게'를 사용한 오류이다. 따라서 수식어를 사용할 때에는 수식을 받는 피수식어가 체언인지, 혹은 용언인지를 확인하여 그에 맞는 수식어 형태를 사용해야 한다.

그리고 수식어와 피수식어의 호응 관계를 고려할 때는 수식어의 종류뿐 아니라 위치도 고려해야 한다.

(25) 민규는 쓸쓸한 비가 내리는 강가를 거닐었다.

(25)′ 민규는 쓸쓸한 비가 내리는 강가를 거닐었다.

(25)″ 민규는 비가 내리는 쓸쓸한 강가를 거닐었다.

(25)의 '쓸쓸한'은 기본적으로 (25)′와 같이 바로 뒤의 '비'를 수식해 준다. 그러나 (25)″와 같이 '쓸쓸한'이 '강가'를 수식해 주는 해석도 가능하다. 따라서 '쓸쓸한'이 '강가'를 수식하는 의미를 전달하고자 한다면 (25)보다는 (25)″의 문장을 사용해야 한다.

그 밖에도 단어마다 고유한 의미 자질을 가지고 있기 때문에 특정한 부류의 어휘하고만 호응을 보이는 부사어가 있다.

(26) *국제결혼 하는 사람도 천천히 많다(√ 늘어나고 있다).

(27) 여러 가지 문제점이 있는데 우리가 어떻게 해결하는 것이(√ 해결하느냐가) 중요하다.

(26)의 '천천히'는 동작이나 태도를 나타내는 부사일 뿐 아니라 문맥 의미상 느리지만 변화가 있음을 나타내기 때문에 상태 형용사 '많다'보다는 '늘어나다, 많아지다'와 같이 변화를 나타내는 서술어와 호응이 되어야 한다. 또한 (27)의 '어떻게'와 같은 의문부사는 '-냐, -ㄹ지' 등과 같이 뒤에 의문을 나타내는 어미와 결합한 서술어가 필요하다.

이와 같이 부사어 중에는 특정한 서술어나 그 활용형과 호응 관계를 맺는 예들이 많이 있다.

(28) 그것은 결코 우연한 일이 아니었다.

(29) 만약 네가 못 오면 나 혼자라도 가겠다.

(30) 내 동생은 비록 나이는 어리지만 매우 어른스럽다.

(31) 사람이란 자기가 한 약속을 반드시 지켜야 한다.

(32) 다만 너를 만나고 싶을 뿐이다.

(33) 검은 구름이 밀려오는 걸 보면 아마도 비가 올 것 같다.

(34) 나는 그를 탓하지 않았는데 왜냐하면 그는 최선을 다했기 때문이다.

(28)의 '결코'는 '아니다, 없다, 못 하다'와 같이 부정어와만 결합하여 '어떤 경우에도 절대로'의 뜻을 나타낸다. (29)의 '만약'은 주로 '-면, -거든'과 같이 가정이나 조건을 나타내는 연결 어미와 호응한다. (30)의 '비록'은 '-지만, -나, -ㄹ지라도, -어도'와 같이 앞의 말을 인정하면서 뒤 절에 그와 대립되는 사실이 이어짐을 나타내는 연결 어미와 호응한다. (31)의 '반드시'는 주로 '-어야 한다'와 같은 당위적 표현과 호응하고, (32)의 '다만'은 '-뿐이다, -따름이다'와 함께 쓰여 '다른 조건이나 상황과는 관계없이 오직 그뿐'의 뜻을 나타낸다. (33)의 '아마도'는 '-것 같다, -ㄹ 것이다'와 같은 서술어와 호응하여 추측을 나타내고, (34)의 '왜냐하면'은 '-기 때문이다'와 함께 이유를 나타낸다.

이와 같은 특정 부사어와 서술어의 호응은 그 관계가 대체로 고정적이다. 따라서 자주 쓰이는 부사어와 서술어의 호응 관계를 알아두면 유용하게 쓸 수 있다. 다음은 위와 같은 부사어와 서술어의 호응 관계를 보이는 몇 가지 예들을 간략히 정리하여 제시한 것이다.

- 부정어와 호응하는 부사어: 결코, 그다지, 별로, 비단, 아직, 여간, 전혀, 절대로, 좀처럼
- 가정이나 조건의 어미와 호응하는 부사어: 만약, 만일, 혹시
- 양보나 대립의 어미와 호응하는 부사어: 비록, 아무리
- 당위를 나타내는 어미와 호응하는 부사어: 반드시, 마땅히
- 의문형 서술어와 호응하는 부사어: 어떻게, 얼마나
- 한정 또는 배제를 나타내는 서술어와 호응하는 부사어: 다만, 단지, 오직
- 추측을 나타내는 서술어와 호응하는 부사어: 아마(도), 어쩌면, 언젠가
- 이유를 나타내는 서술어와 호응하는 부사어: 왜냐하면

④ 높임 표현의 호응

한국어는 존대법이 발달한 언어로 존대의 대상에 따라 주체 높임과 상대 높임, 그리고 객체 높임을 사용한다. 즉 문장의 주어에 높임의 대상이 오면 주체 높임 표현을 사용하고, 부사어에 높임의 대상이 오면 객체 높임, 그리고 청자가 높임의 대상이 되면 상대 높임 표현을 사용해야 한다.

(35) *제 어머니가 선생님입니다.

(36) *교수님이 잘 가르친 것을 열심히 공부합니다.

(37) *내가 아버지에게 용돈을 주어서 아버지가 많이 기뻐하셨다.

(38) *제 친구는 이름이 윌슨이다.

(39) *나는 기분이 아주 좋습니다.

(35)와 (36)은 문장의 주어인 '어머니'와 '교수님'이 높임의 대상이 되므로 주체 높임법에 맞게 존대의 의미를 갖는 조사를 사용하고, 서술어도 존대를 나타내는 어미 '-시-'를 결합해야 한다. (37)은 부사어인 '아버지'가 높임의 대상이 되므로 앞 절에서는 객체 높임법에 맞게, 그리고 뒤의 절에서는 주체 높임법에 맞게 역시 존대의 의미를 갖는 적절한 조사나 서술어로 바꾸어야 한다. (38)과 (39)는 상대 높임법의 호응이 잘못된 예이다. (38)은 서술어의 종결 표현이 '-이다'로 상대 존대의 뜻이 없는데 '제'가 사용되어 어색한 문장이고, 반대로 (39)는 서술어에 '-습니다'를 사용하여 상대를 존대하고 있으면서 주어는 '나는'을 사용하여 오류가 된 문장이다. 위의 문장을 바르게 고치면 다음과 같다.

(35)′ 제 어머니는 선생님이십니다.

(36)′ 교수님께서 잘 가르치신 것을 열심히 공부합니다.

(37)′ 내가 아버지께 용돈을 드려서 아버지께서 많이 기뻐하셨다.

(38)′ 제 친구는 이름이 윌슨입니다. / 내 친구는 이름이 윌슨이다.

(39)′ 저는 기분이 아주 좋습니다. / 나는 기분이 아주 좋다.

⑤ 시간 표현의 호응

문장 안에 시간을 나타내는 표현들끼리도 서로 호응을 이루어야 한다.

(40) *한국 음식을 만든 것이 어려웠지만 재미있습니다(√ 재미있었습니다).

(41) *근처에 백화점이 많이 없었는데 지금 많이 있었습니다(√ 있습니다).

(42) *다음에 이사했으면(√ 이사하면) 주변 환경은 조용하면 좋겠어요.

(43) *아팠어(√ 아파서) 병원도 가봤습니다.

(44) *아직 대전에 도착하고 있지 않습니다(√ 도착하지 않았습니다).

(40)은 문맥 의미상 앞 절과 뒤의 절의 내용이 다 과거에 이루어진 사건을 이야기하는 것이므로 뒤의 절의 서술어에도 과거를 나타내는 '-었-'을 결합시켜야 올바른 문장이 된다. 반면 (41)은 앞 절과는 달리 뒤의 절은 '지금'과 같은 현재 시간을 나타내는 부사가 사용되었으므로 과거를 나타내는 '-었-'이 결합될 수 없다. (42) 역시 아직 이루어지지 않은 미래의 상황을 가정하는 문장이므로 '-면' 앞에 '-었-'을 붙일 수 없다. (43)은 아픈 것과 병원에 간 사건이 모두 과거에 일어난 것이다. 그러나 이유나 근거를 나타내는 연결 어미 '-아서/어서'는 '-았/었-'과 결합할 수 없다는 점에 유의해야 한다. (44)의 부사 '아직'은 '아니, 못' 등과 함께 쓰여 어떤 행동이나 상태가 지금까지 이루어지지 않았음을 나타낼 때에 서술어에 '-았/었-'이 결합된다.

3) 조사와 어미 정확히 쓰기

한국어는 조사와 어미가 발달한 언어이다. 이것들에 의해 문장 성분이나 문장의 종류, 시제, 존대법, 피동법과 사동법 등 다양한 문법이 표현된다. 따라서 조사와 어미의 쓰임을 잘 알고 써야 올바른 문장을 만들 수 있다. 여기에서는 유학생들이 자주 오류를 범하는 조사와 어미를 몇 가지만 간략히 살펴보기로 한다.

먼저 문장 성분에 맞는 조사를 사용하여야 한다. 특히 서술어와의 호응 관계를 고려하여 주어와 목적어 성분에 맞는 조사를 사용해야 한다. 이미 앞서 살펴본 것처럼 유학생 중에는 형용사와 타동사를 구분하지 못하여 주어와 목적어 성분에 맞지 않는 조사를 사용하는 오류가 빈번하다.

그 밖에도 '-은/는'과 주격조사 '-이/가'를 혼동하거나, '-에'와 '-에서', '-에게' 등을 혼동하여 쓰는 경우가 많다.

(45) *<u>제가</u>(√ 저는) 지금 궁동에서 살고 있어요.

(46) *<u>저는</u>(√ 제가) 십 년 전에 처음 본 한국 드라마는 아주 슬펐어요.

(47) 나는 <u>영어는</u> 못하지만 <u>한국어는</u> 잘한다.

(48) 공부만 하지 말고 <u>가끔은</u> 쉬기도 해라.

(45)와 (46)은 주격 조사 '-이/가'와 보조사 '-은/는'을 잘못 사용한 예이다. 일반적으로 '-은/는'은 주어 자리에 많이 쓰이지만 주격 조사가 아니고, 주제/화제(topic)를 나타내거나 대조 또는 강조의 의미를 더해 주는 보조사이다. 그렇기 때문에 (47)의 '영어는', '한국어는'과 같이 목적어 자리에도 올 수 있고, (48)처럼 부사에도 결합될 수 있다. (45)는 화제가 시작되는 내용이므로 '-은/는'을 쓰는 것이 바람직하다. 반면에 (46)은 "한국 드라마는 아주 슬펐어요."라는 문장에 "제가 십 년 전에 처음 본"이라는 내포절이 들어간 복문

으로, 이러한 내포절 안의 주어에는 '-은/는'이 결합할 수 없음에 유의해야 한다.

다음은 주격 조사 '-이/가'와 보조사 '-은/는'의 차이점을 간략히 정리하여 제시한 것이다.

조사 / 쓰임	-이/가	-은/는
주제/화제		**<u>저는</u>** 충남대학교에서 공부하고 있습니다.
구정보		옛날에 어떤 마을에 한 소녀가 살았다. **<u>그 소녀는</u>** 아픈 엄마를 위해 날마다 기도를 하였다.
신정보	옛날에 어떤 마을에 한 **<u>소녀가</u>** 살았다. 그 소녀는 아픈 엄마를 위해 날마다 기도를 하였다.	
대조		**<u>한국 사람은</u>** 젓가락을 사용하지만 **<u>미국 사람은</u>** 포크를 사용한다.
강조		너에게도 **<u>잘못은</u>** 있다.
이중주어문	대전은 **<u>교통이</u>** 편리하다.	**<u>대전은</u>** 교통이 편리하다.
복문	이번 학기에 [**<u>내가</u>** 가장 좋아하는] 수업은 한국어 쓰기이다.	이번 학기에 [내가 가장 좋아하는] **<u>수업은</u>** 한국어 쓰기이다.

다음은 부사격 조사 '-에'와 '-에서', '-에게' 등을 혼동하여 쓴 예들이다.

(49) *저녁에 <u>경복궁에</u>(√ 경복궁을) 구경했어요.

(50) *<u>집에</u>(√ 집∅) 근처에 버스정류장이 있어요.

(51) *제 <u>도시를</u>(√ 도시에) 돌아올 때마다 마음이 진짜 편안하다.

(52) *기숙사<u>에</u>(√ 기숙사에서) 도서관까지 멉니다.

(53) *광시는 중국의 제일 <u>남쪽에서</u>(√ 남쪽에) 있습니다.

(54) *우리 <u>사회 중에서</u>(√ 사회에) 불평등한 일이 많다.

(55) *담배를 피우는 것은 <u>건강에게</u>(√ 건강에) 좋지 않다.

(49)와 (50)은 '경복궁'과 '집'이 장소 명사이므로 장소를 나타내는 부사격 조사 '-에'를 결합시킨 것으로 보인다. 그렇지만 '경복궁'은 타동사 '구경하다'의 목적어가 되어야 하므로 목적격 조사 '-을'을 결합시켜야 한다. 반면 (50)은 '집'이 뒤에 나오는 명사 '근처'를 수식하는 구성이므로 부사격 조사를 결합시킬 수 없다. (51)에서는 '돌아오다'가 도착 장소를 나타내는 부사어가 필요한데 목적격 조사를 결합하여 오류가 된 문장이다. (52)~(54)는 도착점을 나타내는 '-에'와 행위의 시작이나 행위가 일어나는 장소를 나타내는 '-에서'를 혼동하여 발생한 오류이다. 특히 (54)와 같이 '-에'나 '-에서' 앞에 의존 명사 '중'을 불필요하게 결합하는 오류를 범하는 경우도 많다. (55)는 사람이나 동물과 같은 유정 명사와 결합하는 '-에게'와 장소와 같은 무정 명사와 결합하는 '-에'를 혼동한 오류이다.

다음은 이러한 부사격 조사의 차이점을 간략히 정리한 것이다.

조사 / 쓰임	-에	-에서	-에게
결합 명사	무정 명사	무정 명사	유정 명사
의미	도착하는 공간과 시간	행동하는 장소나 행동의 시작	소속이나 위치, 행동이 미치는 대상

어미와 관련해서는 다음과 같이 주로 '원인'이나 '이유', '근거'를 나타내는 연결 어미의 오류가 빈번히 나타나므로 주의해야 한다.

(56) *설악산의 경치 다 봤으니까(√ 봤는데) 정말 아름다웠습니다.

(57) *수면 시간이 부족하니까(√ 부족해서) 건강이 안 좋아졌다.

(58) *청소년은 컴퓨터 게임을 많이 해서(√ 하느라(고)) 공부에 신경을 쓰지 않는다.

(59) *흡연은 건강에 나쁘므로(√ 나쁘니(까)) 빨리 끊으세요.

(56)은 설악산의 경치를 본 행위 때문에 그 경치가 아름다운 것이 아니라, "내가 설악산에 가서 경치를 보았더니 아름다웠다."는 의미의 문장이다. 따라서 이런 경우에는 뒤의 절에서 어떤 일을 설명하기 위하여 그 대상과 상관되는 상황을 미리 말할 때에 쓰는 연결 어미 '-는데'를 사용해야 된다.

(57)~(59)는 원인이나 이유, 근거를 나타내는 연결 어미들의 차이를 이해하지 못해 잘못 사용한 오류이다. 특히 많은 유학생들이 (57)과 같이 연결 어미 '-니까'와 '-아서/어서'를 혼동하여 쓰는 경향이 있다. 둘 다 원인이나 근거를 나타내는 연결 어미로 의미가 유사하지만 차이점도 있다. '-니까'는 대체로 주관적이고 개인적인 이유를 나타내고, '-아서/어서'는 일반적이고 필연적인 인과관계를 나타낸다. 따라서 (57)의 경우도 '-니까'보다는 '-아서/어서'가 더 적절하다.

(58)은 '-아서/어서'와 '-느라(고)'를 혼동한 오류이다. 둘 다 '원인'이나 '이유'를 나타내는 맥락에서는 교체하여 쓸 수 있지만, '목적'을 나타내는 상황에서는 '-느라(고)'만 쓸 수 있다.

(59)는 '-니(까)'와 '-므로'를 혼동한 오류이다. 이들은 의미상으로는 유사하지만 '-니(까)'가 (59)와 같이 명령형이나 또는 청유형 앞에 나타날 수 있는 반면에 '-므로'는 그렇지 못하다. 이런 점에서 연결 어미 '-아서/어서'는 '-므로'와 같지만, 전자는 과거를 나타내는 '-았/었-'과 결합할 수 없으나 후자는 결합할 수 있다는 점에서 차이가 난다. 이에 대해서는 다음의 예를 통해 확인할 수 있다.

(60) *흡연은 건강에 나빠서 빨리 끊으세요.

(61) *흡연은 건강에 나빠서 빨리 끊자.

(62) *열심히 공부했어서(√ 했으니(까)) 시험을 잘 볼 거야.

(63) 열심히 공부했으므로 시험을 잘 볼 것입니다.

위에서 설명한 연결 어미 '-니(까), -아서/어서, -느라(고), -므로'의 특성을 간략히 정리하면 다음과 같다.

쓰임 \ 어미	-니(까)	-아서/어서	-느라(고)	-므로
원인, 근거의 의미	○	○	○	○
목적의 의미	×	×	○	×
'-었-'과의 결합	○	×	×	○
명령문, 청유문과의 결합	○	×	×	×

연습하기

1. 다음 문장에서 잘못 사용된 조사를 찾아 바르게 고쳐 보자.

1) 마을 회관에서 사람들로 가득 찼다. ➡

2) 시대에 따라 살기 좋은 도시의 조건을 다르다. ➡

3) 건강한 생활을 하면 공부도 좋고 일이도 좋다. ➡

4) 백마교양관은 농업생명과학대학(농대)에 너무 멀어 불편합니다. ➡

5) 내 생각 중에 직장인이 바쁘지만 독서가 필요하다. ➡

2. 다음 문장에서 잘못 사용된 어미를 찾아 바르게 고쳐 보자.

1) 나는 재미있은 사람을 좋아합니다. ➡

2) 졸업식에 어머니가 왔으면 좋습니다. ➡

3) 제가 어린 때 친구와 같이 집을 떠났습니다. ➡

4) 너무 늦게 잤는데 아침에 일어나기 힘들었습니다. ➡

5) 다음 주에 시험이 있으니까 쉬는 시간에 학교에 갑니다. ➡

3. 다음 <보기>와 같이 호응이 잘못된 표현을 찾아서 알맞게 고쳐 보자.

> <보기> 우리가 전혀 예상한 일이 정말 많다.
>
> ➡ 전혀 예상하지 못한 (부사어와 서술어의 호응)

1) 스마트폰에 중독 사람이 많아졌다.

➡

2) 사람들이 직장에서 받은 돈을 많지 않다.

➡

3) 예전에는 이런 일이 없는데, 지금은 많아졌다.

➡

4) 우리 부모님이 다음 달에 저를 보러 옵니다.

➡

5) 아마 앞으로 학생은 학교에 가고 싶지 않다.

➡

6) 많은 유학생들이 명절이 되면 고향이 그리워한다.

➡

7) 설문 조사에서 경제적 여유가 제일 높은 나타났다.

➡

8) 돈을 많이 버는 것보다 중요한 것은 자기 형편에 맞게 돈을 쓴다.

➡

3. 다음 오류 문장을 바르게 고쳐 보자.

1) 주변이 조용하는 아주 중요해요.

➡

2) 체벌을 몸과 심리에게 다 좋아하지 않다.

➡

3) 서로 이해할 수 못하면 행복한 살 수 없다.

➡

4) 아이가 영양이 부족기 때문에 병원에 출원했다.

➡

5) 사랑은 오렌지 주스처럼 시도 있고 달도 있다.

➡

6) 공부를 비록 열심히 해도 성적이 오르지 않는다.

➡

7) 왜냐하면 커피숍은 분위기가 좋고 가격도 저렴하다.

➡

8) 저는 살고 싶은 집은 넓고 바람이 잘 통하는 집이에요.

➡

9) 저는 수업을 열심히 들어서 꼭 글쓰기 능력을 키울 거다.

➡

10) 방이 넓고 깨끗한 거가 가장 중요하는데 월세 좀 비싸면 괜찮다.

➡

4. 다음 글에 나타나는 오류를 찾아 바르게 고쳐 보자.

고령 인구가 증가함에 따라 나이 높은 사람들을 생활에 대한 관심이 커지고 있다. 나이 높은 사람이 생활을 행복해야 한다. 행복한 노후를 위해서 사람들이 매일 기분이 좋아하고 스트레스 받으면 안 된다. 좋아하는 물건이 사고 먹고 싶는 음식이 먹는다. 고령 사람들이 나이 높아서 병이 쉽게 있다.

4.4. 구어와 문어

1) 구어와 문어의 차이

구어(口語, 입말, spoken language)란 음성을 표현 수단으로 하는 언어로 일상적인 대화에서 쓰는 말을 가리킨다. 이와 달리 문어(文語, 글말, written language)는 문자를 표현 수단으로 하는 언어로 일상적인 대화에서 쓰는 말이 아닌, 주로 글에서 쓰는 말을 가리킨다. 구어는 기본적으로 음성을 매체로 하기 때문에 시간적으로 곧 사라질 뿐 아니라 공간적으로 먼 곳까지 전달되지 못하는 단점을 가지고 있는데, 문어는 이러한 구어의 단점을 보완하기 위해 음성 언어를 시각적인 문자 언어로 바꾼 것이다. 그러나 구어와 문어는 단순히 그 전달 매체가 음성이냐 문자이냐의 차이만 있는 것은 아니고 다음과 같은 점에서 서로 다른 특성을 나타낸다.

첫째, 문어는 구어와는 달리 시간적인 여유를 가지고 자신의 생각이나 감정을 표현하므로 구어보다 잘 다듬어진 형태로 표현된다. 즉 문어는 명시적인 표현이 많고 잉여적 표현이 적으며 구어에 비해 전문적인 어휘나 복잡한 문장이 쓰이는 경향이 있다. 반면 구어는 자신의 생각이나 감정을 즉흥적으로 말하는 특성상 일반적인 어휘나 단순한 문장이 많이 쓰이고, 모호하고 잉여적인 표현이 많이 쓰이는 경향이 있다.

둘째, 문어는 구어에 비해 메시지의 내용이 더 체계적이고 논리적인 경향이 있는 반면, 구어는 언어의 사용이 즉흥적이고 즉각적이며 덜 체계적이다.

셋째, 문어는 구어에 비해 형식과 격식을 중요시하는 면이 있다. 일반적으로 문어가 구어에 비해 더 객관적이고 논리적인 경향을 띠는 것은 글의 종류나 목적에 따라 일정한 형식과 격식을 갖추고 있기 때문이다.

넷째, 문어는 문자나 문장 부호만으로 자신의 생각이나 감정을 드러낼 수 있는 반면에 구어는 음성 언어 외에도 몸짓, 손짓, 얼굴 표정 등의 비언어적인 보조 수단을 사용할 수 있다.

다섯째, 문어는 대개 불특정한 다수의 독자를 대상으로 하는 반면, 구어는 주로 특정한 청자를 대상으로 하는 특성을 가진다. 또한 문어에서는 화자, 즉 저자가 고정되어 있는 반면, 구어에서는 화자와 청자가 수시로 그 역할을 바꿀 수 있다.

여섯째, 대체로 문어는 저자와 독자가 시공간적으로 분리되어 있고 시간과 공간의 제약을 덜 받는 반면, 구어는 화자와 청자가 동일 시공간(時空間)에 있으며 시간과 공간의 제약을 받는다.

일곱째, 문어는 저자와 독자가 직접 대화하는 상황이 아니라 글로써 저자의 생각과 감정이 전달되기 때문에 문맥 의존성이 강한 데 반해, 구어는 화자와 청자가 직접 대화하는 상황이기 때문에 상황 의존성이 강하다.

여덟째, 문어는 구어에 비하여 개인차가 적고 보수적인 경향을 띤다. 즉 구어는 축약과 생략이 많으며 머뭇거리는 말이나 휴지, 비문법적 요소, 방언, 은어 등이 많이 사용되고 언어 변화의 속도가 빠르지만, 문어는 학교문법과 같은 규범화된 문법을 따르기 때문에 구어에 비해 개인차가 적고 변화의 속도가 느리다.

2) 구어체와 문어체

'구어'와 '문어'의 구별은 언어의 전달 매체가 음성이냐 문자이냐에 따른 것이며, 일반적으로 문체와 같은 글의 특성에 따라서는 '구어체(口語體, colloquial style)'와 '문어체(文語體, literal style)'로 구별된다.

구어체는 일상 대화에서 사용하는 말투를 글로 옮긴 것으로 '대화체'라고도 할 수 있다. 구어체는 일반적으로 격식체와 비격식체로 나뉜다. 격식체는 상대 높임법 중에서 화자와 청자가 의례적으로 격식을 갖추는 관계에 쓰는 높임 표현이고, 비격식체는 가족이나 친구와 같이 화자와 청자가 격식을 갖추지 않아도 되는 관계에 쓰는 높임 표현이다.

반면 문어체는 보통 일상 대화에서 나타나지 않고 책이나 공식적인 상황에서 사용하는 문장투를 말한다.

구어체는 화자와 청자의 대화를 글로 표현한 것으로 화자와 청자의 관계에 따라 해라체, 하게체, 해요체, 하십시오체 등 다양한 높임법이 사용된다. 예를 들어 뉴스나 연설과 같은 공식적인 말하기에서 사용되는 격식체에는 '-ㅂ니다/습니다'와 같은 종결 어미 형태가 사용되고, 비격식체에는 일상적인 대화에서 자주 들을 수 있는 두루 높임의 '-아요/어요'와 친구나 손아랫사람에게 사용되는 두루 낮춤의 '-아/어' 형태가 사용된다.

격식체는 공식적인 상황에서 사용된다는 점에서 문어체와 유사하다. 그러나 문어체는 보통 불특정한 다수의 독자를 대상으로 하므로 주로 해라체를 사용하는 경향을 보인다는 점에서 격식체와 다르다. 이러한 문체의 차이는 주로 종결 어미에 의해 드러나는데 이를 문장 유형별로 제시하면 다음과 같다.

문체 / 문장 유형	구어체		문어체
	격식체	비격식체	
평서문	수업은 재미있습니다.	수업은 재미있어. 수업은 재미있어요.	수업은 재미있다.
의문문	공부는 언제 합니까?	공부는 언제 해? 공부는 언제 해요?	공부는 언제 하는가?
명령문	공부를 열심히 하십시오.	공부를 열심히 해라. 공부를 열심히 하세요.	공부를 열심히 해라.
청유문	같이 가십시다.	같이 가. 같이 가요.	같이 가자.
감탄문	학교가 매우 큽니다!	학교가 매우 크네! 학교가 매우 크네요!	학교가 매우 크구나!
인용문	한국어 수업이 재미있다고 합니다.	한국어 수업이 재미있대. 한국어 수업이 재미있대요.	한국어 수업이 재미있다고 한다.

그 밖에도 한국어의 구어체와 문어체는 여러 가지 차이가 있음에 유의하여야 한다. 이에 대해서는 다음 항에서 문어체를 중심으로 자세히 살펴보기로 한다.

3) 문어체 문장의 특성

일반적으로 외국인 유학생들이 한국어를 공부할 때는 자신의 생각을 표현하고 한국인과 대화하기 위해서 구어체를 많이 공부한다. 하지만 대학이나 직장에서 작성하는 리포트나 논문, 보고서, 공문 등과 같은 객관적이고 공식적인 글은 대부분 문어체로 이루어진다. 따라서 이러한 글을 쓰기 위해서는 구어체와는 다른 문어체의 특성을 잘 알아야 한다.

① 종결 어미의 특성

앞 항에서 살펴본 바와 같이 구어체와 문어체는 종결 어미의 사용에서 다르다. 한국어의 종결 어미는 평서문과 의문문, 명령문 등과 같은 문장의 유형을 표시할 뿐 아니라 청자의 나이나 신분, 화자와의 친분 관계와 격식의 유무에 따라 상대 높임을 나타내기 때문이다. 문어체는 종결 어미 중에 주로 해라체가 쓰이는데, 서술어의 종류나 시제에 따라 어미가 결합하는 양상에 차이가 난다. 여기에서는 평서문을 중심으로 그 차이를 보이면 다음과 같다.

시제 / 쓰임	현재	과거	미래
동사(V)	**V 어간+(느)ㄴ+다** 간다, 먹는다, 공부한다	**V 어간+았/었/였+다** 갔다, 먹었다, 공부하였다	**V 어간+(으)ㄹ것이다** 갈 것이다, 먹을 것이다, 공부할 것이다
형용사(A)	**A 어간 +다** 높다, 크다, 중요하다	**A 어간+았/었/였+다** 높았다, 컸다, 중요하였다	**A어간+(으)ㄹ것이다** 높을 것이다, 클 것이다, 중요할 것이다
체언 + 이다	**체언+(이)다** 노래(이)다, 학생이다	**체언+였/이었+다** 노래였다, 학생이었다	**체언+일 것이다** 노래일 것이다, 학생일 것이다

위의 표에서와 같이 문어체에서는 주로 '-다, -ㄴ다' 종결 어미가 사용된다. 또한 문어체는 직접 대화하는 상황이 아니기 때문에 직접적인 의문문의 사용보다는 간접 의문문을 사용하거나 의문문을 평서문으로 나타내기도 한다. 마찬가지로 명령문이나 청유문도 평서문으로 나타내는 경우가 많다.

(1) 주말에 뭐 했어요? → 주말에 무엇을 했는지 물었다.

(2) 한국에 왜 왔어요? → 한국에 온 이유가 궁금했다.

(3) 열심히 공부하세요. → 열심히 공부하는 것이 좋다.

(4) 도서관에 같이 가자. → 도서관에 같이 갈 것을 제안했다.

② 문장 성분과 조사 생략의 제약

구어체에서는 문장 성분이나 조사의 생략이 빈번히 일어날 뿐 아니라 문장 성분이나 조사가 생략되지 않으면 오히려 부자연스러운 경우도 있다. 그러나 문어체에서는 특별한 경우가 아니면 문장 성분이나 조사를 생략해서는 안 된다.

(5) 슬린: 어제 뭐 했어?

타냐: 공부했어.

슬린: 무슨 공부?

타냐: 한국어

(6) 슬린: (너는) 어제 뭐(를) 했어?

타냐: (나는 어제) 공부했어.

슬린: (너는 어제) 무슨 공부(했어)?

타냐: (나는 어제) 한국어 (공부했어).

(7) 타냐 씨는 어제 공부를 했다.

(8) 타냐 씨 어제 한국어 공부를 했다.

(9) 타냐 씨는 어제 한국어 공부를 했다.

(5)는 (6)과 같은 문장에서 괄호 부분이 생략된 형태이다. (5)의 예처럼 일상의 대화에서는 간단하고 신속하게 정보를 전달하기 위해서 주어나 목적어와 같은 문장 성분이나 조사 등을 빈번히 생략한다. 이뿐만 아니라 (6)에서 볼 수 있는 바와 같이 밑줄 친 부분을 생략하지 않고 반복해서 말하면 매우 자연스럽지 못한 대화가 된다. 화자와 청자가 대화의 상황에서 행위의 주체가 누구인지, 그리고 사건이 언제 일어난 것인지에 대해 이미 알고 있기 때문이다.

그러나 문어체는 그러한 상황에 의존할 수 없기 때문에 문장 안에 가능한 모든 필요한 정보를 제시해야 한다. 그렇지 않으면 화자가 의도한 의미가 독자에게 제대로 전달될 수 없기 때문이다. 따라서 (7)~(9)의 문장 중에서는 (9)가 문어체 문장으로 가장 바람직한 문장이다. (7)은 무슨 공부를 한 것인지에 대한 정보가 생략되어 있고, (8)도 조사가 생략되어 있어 "타냐 씨도 어제 한국어 공부를 했다.", "타냐 씨만 어제 한국어 공부를 했다." 등과 같은 문장 중에 어떤 문장을 말하는 것인지 알 수 없기 때문에 불완전한 문장이다.

또한 구어체는 문법적으로 복잡한 구조보다는 단순하고 짧은 형태를 선호하므로 (5)와 같이 기본 단위가 문장이 아닌 어절이나 구로 끝나는 경우가 많으나, 문어체는 그렇지 않다.

③ 줄임 표현의 제약

준말은 본래의 단어나 구절을 발음하기 쉽거나 간략하게 줄여서 표현하는 말로 구어체에서는 이러한 줄임 표현의 사용이 빈번하다. 준말의 형태는 아래와 같이 다양하게 찾아볼 수 있다.

(10)	이게 → 이것이,	그게 → 그것이,	저게 → 저것이
	우린 → 우리는,	널 → 너를,	제게 → 저에게
	학굔 → 학교는,	노랠 → 노래를	
(11)	접니다 → 저입니다,	취미니? → 취미이니?	
(12)	돼서 → 되어서,	뵀다 → 뵈었다,	쓰여 → 쓰이어
(13)	나보단 → 나보다는,	금주까진 → 금주까지는,	주말부턴 → 주말부터는
(14)	낼 → 내일,	맘 → 마음,	뭐 → 무어
	좀 → 조금,	근데 → 그런데,	왜냐면 → 왜냐하면
(15)	남친 → 남자 친구,	전필 → 전공 필수,	과사 → 학과 사무실

(10)은 지시대명사나 인칭대명사, 명사와 같은 체언에 조사가 결합하면서 형성된 준말의 예이고, (11)은 '체언 + 이다'와 같은 서술어에서 형성된 준말의 예이다. (12)는 '용언 어간 + 어미', (13)은 조사의 결합에서 형성된 준말이다. 그리고 (14)와 같이 명사나 대명사, 부사 등 단어 자체가 줄어든 형태나 (15)와 같이 사람들이 잘 알고 있는 구절에서 줄어든 형태도 나타난다. 그러나 문어체에서는 이러한 줄임 표현보다는 본래의 말을 선호한다.

④ 어순 제약

구어체는 언어의 사용이 즉흥적이고 즉각적이며, 또한 강조나 휴지 등을 삽입할 수 있기 때문에 문어체에 비해 어순이 비교적 자유롭다.

(16) 어제 하루 종일 집에서 텔레비전 보면서 놀았어.

(17) 어제 하루 종일 집에서 놀았어. 텔레비전 보면서.

(18) 집에서 텔레비전 보면서 놀았어. 어제 하루 종일.

(19) 어제 하루 종일 집에서 텔레비전 보면서 놀았다.

(20) ?어제 하루 종일 집에서 놀았다. 텔레비전 보면서.

(21) ??집에서 텔레비전 보면서 놀았다. 어제 하루 종일.

(16)~(18)은 구어체 표현이고, (19)~(21)은 문어체 표현이다. 구어체에서는 위의 (16)~(18)과 같은 표현이 다 자연스럽게 쓰인다. 구어체에서는 화자가 생각을 즉흥적, 즉각적으로 표현하는 특성 때문에 비문법적인 말을 한다거나 의도치 않게 어순에 맞지 않는 말을 할 수 있다. 또한 자신의 뜻을 강조하기 위해 음성을 변화시키거나 휴지 등을 삽입하기도 하고, 의도적으로 어순을 바꾸기도 한다. 그러나 문어체는 어순이 바뀐 (20)이나 (21)과 같은 문장은 특수한 경우를 제외하고 대체로 수용되지 않는다. 문어는 글에 의해서만 저자의 생각을 전달할 수 있을 뿐 아니라 정확하고 논리적으로 전달해야 하기 때문에 규범적이고 문법적인 표현을 선호하기 때문이다.

⑤ 인칭 대명사의 제약

앞에서 살펴본 것처럼 구어체에서는 문장 성분의 생략이 자유로운데 특히 '나, 너'와 같은 인칭 대명사는 더욱 그러하다. 이는 인칭 대명사가 발달한 인구어와는 달리 한국어는 인칭 대명사의 사용이 제한적이기 때문이다.

(22) 당신은 어느 나라 사람입니까?

(23) 그녀는 중국 사람입니다.

(24) 나는 그를 좋아합니다.

(22)′ 슬린 씨는 어느 나라 사람입니까?

(23)′ 양양 씨는 중국 사람입니다.

(24)′ 나는 그 선배를 좋아합니다.

(22)~(24)의 문장들은 비문은 아니지만 한국어로는 자연스러운 문장이 아니다. 특히 '그녀, 그'와 같은 3인칭 대명사는 구어에서는 거의 사용되지 않고 문어에서만 볼 수 있는데 문어에서도 자연스럽지 못할 때가 많다. 한국어에서는 (22)′~(24)′와 같이 인칭 대명사를 이름이나 신분을 나타내는 명사로 바꾸어 쓸 때 보다 자연스러운 문장이 된다.

그리고 문어체에서는 '나, 저'와 같은 1인칭 대명사의 사용을 자제한다. 독자가 글을 쓰고 있는 사람이 누구인지 이미 알고 있기 때문이다. 또한 문어체는 구어체에 비해 더 객관성을 중시하기 때문에 필요한 경우에는 '나, 저'와 같은 직접적이고 주관적인 1인칭 대명사보다는 '필자'와 같은 객관적인 명사를 더 선호한다. 따라서 아래 예문 중에 (25)′, (26)′의 문장이 (25), (26)보다 문어체 문장으로 더 적절하다.

(25) 나는 학교나 가정에서 체벌을 시행하는 것에 반대한다.

(26) 제 생각에는 체벌은 좋은 교육 방법이 아니다.

(25)′ 필자는 학교나 가정에서 체벌을 시행하는 것에 반대한다.

(26)′ 필자의 생각에는 체벌은 좋은 교육 방법이 아니다.

⑥ 담화 표지 및 구어적 표현 제약

구어체에서는 직접적, 즉흥적으로 대화가 이루어지기 때문에 때로는 화자가 생각할

시간을 벌거나 상대의 말에 대한 동의 여부 등을 나타내기 위해서 '음, 아, 그러니까, 글쎄, 근데, 그래' 등과 같은 표현을 사용한다. 그러나 문어체에서는 직접적인 대화가 아니고 저자가 시간을 갖고 충분히 계획한 후에 글을 쓰기 때문에 그러한 표현을 사용하지 않는다. 그리고 이러한 특성 때문에 구어체나 문어체에서만 자주 사용되는 어휘나 표현들이 있다. 따라서 이를 구분하여 사용해야 한다. 대표적인 몇 가지를 요약하여 제시하면 아래와 같다.

문체 쓰임	구어	문어
부사	너무, 되게, 무지, 엄청, 정말, 진짜	대단히, 매우, 무척, 아주
접속 부사	그래서, 그러니까, 또, 하지만	그러므로, 따라서, 그리고/또한, 그러나/그렇지만
조사	-(이)랑/하고, -한테/더러/보고, -한테서	-와/과, -에게, -에게서
연결 어미	-(으)니까, -는 바람에	-(으)므로, -기 때문에
종결 어미	-아/어/여요, -ㄹ래요	-ㄴ다/는다/한다, -ㄹ 것이다

연습하기

1. <구어>와 <문어> 중에 다음 설명에 맞는 것을 골라 보자.

	구어	문어
1) 논리적이고 객관적이다.	□	□
2) 다양한 높임법이 사용된다.	□	□
3) 반복 요소를 피하고 체계적이다.	□	□
4) 간결하고 줄인 표현을 많이 쓴다.	□	□
5) 두 사람이 대화를 하는 내용이다.	□	□

2. 다음 <보기>와 같이 격식체를 문어체로 바꾸어 보자.

<보기>

저는 지금 기숙사에 살고 있습니다. 기숙사는 값이 싸고 관리비가 없습니다. 그리고 룸메이트와 같이 이야기할 수 있어서 좋습니다. 하지만 기숙사는 학생들이 많기 때문에 시끄럽습니다.

➡ 나는 지금 기숙사에 살고 있다. 기숙사는 값이 싸고 관리비가 없다. 그리고 룸메이트와 같이 이야기할 수 있어서 좋다. 그렇지만 기숙사는 학생들이 많기 때문에 시끄럽다.

저는 베트남에서 한국에 온 지 2년이 되었습니다. 저는 충남대학교에 입학하여 지금 국어국문학을 공부하고 있습니다. 근데 한국어를 잘 못해서 힘이 듭니다. 저는 특히 리포트를 쓰는 게 어렵습니다. 또 조별 발표 과제도 어렵습니다. 제가 한국어를 잘 못해서 조별 친구들에게 피해가 갈까봐 걱정을 많이 합니다.

➡

3. 다음 문장에서 생략된 성분이나 준말을 찾아보자.

1) 제 취미는 요리와 영화 보기예요.

➡

2) 같이 수업 듣는 동기들이 많이 도와줍니다.

➡

3) 난 친구가 요즘 뭘 하며 지내는지 궁금했다.

➡

4) 비빔밥 먹으러 일부러 대전에서 전주 가는 사람도 있다.

➡

5) 한국 대표적인 음식 김치, 불고기, 삼계탕 등이 있다.

➡

6) 이제부턴 게임 시간과 알바를 줄이고 열심히 공부할 겁니다.

➡

7) 외국인이란 걸 말하고 열심히 노력하니까 친구들이 좋아하게 됐다.

➡

4. 다음 <보기>와 같이 구어체를 문어체로 바꾸어 보자.

<보기> 이번 학기엔 과제랑 발표 엄청 많아요.
➡ 이번 학기에는 과제와 발표가 아주 많다.

1) 졸업식이 언제야?

➡

2) 이번 학기엔 열심히 공부할래요.

➡

3) 한국 산이 많으니까 경치가 아름다워요.

➡

4) 저는 아버지하고 어머니 다 중국 사람에요.

➡

5) 걔는 말투가 상냥해. 그래서 사람들이 다 좋아해.

➡

6) 외국인 등록증은 아주 중요해서 항상 가지고 다니래요.

➡

7) 한국과 일본 문화 비슷한 점 많은데 차이점은 뭐에요?

➡

05 초고 고쳐 쓰기

5.1. 비판적 글 읽기

우리는 앞 장에서 좋은 글이란 무엇이며, 왜 문단을 나누고 바른 문장을 써야 하는지 등에 대하여 학습하였다. 이제 이 장에서는 3장과 4장에서 배운 문단 나누기와 바른 문장 쓰기를 바탕으로 자신이 쓴 글을 고쳐 보기로 한다.

글을 고치는 것을 '퇴고'라고 하기도 하는데, 이것은 완성된 글을 다시 읽어가며 다듬어 고치는 일이다. 퇴고란 중국 당나라 시인 가도(賈島)가 '스님은 달 아래 문을 두드리네'라는 시에서, '밀 퇴(推)' 자를 쓸까 '두드릴 고(敲)' 자를 쓸까 망설이고 있던 중, 마침 지나가던 한유(韓愈)와 마주쳐 그의 조언으로 '고(敲)' 자를 썼다는 고사에서 나온 말로서 글을 고쳐 쓰는 것의 중요성을 말해 주는 것이다.

내용을 비판적으로 읽고 고치는 일 못지않게 문단과 문장을 바로 쓰는 일은 한국어를 공부하는 학생들이 익혀야 하는 아주 중요한 것이다. 그러므로 이 장에서는 글의 내용보다는 표기, 표현과 같은 형식에 중점을 두고 고치기 활동을 한다. 앞 장들에서는 문장 단위나 문단 단위의 부분들을 중심으로 고치기 훈련을 했으므로 이 장에서는 한 편의 완성된 글을 중심으로 고쳐 보기를 한다.

학생들이 쓴 글은 글마다 여러 가지 면에서 문제가 있었다. 학생들이 '한국 사회의 문제점'이라는 가주제로 쓴 글을 소개한다. 먼저 소개할 글은 한국 사회의 여러 가지 문제점에 대해 쓴 글로 내용뿐만 아니라 표기와 표현, 문단 구성 등에서 잘못된 곳이 많아 수정을 해야 한다.

> 한국에는 여러 문제가 있다. 한국의 사회적 문제를 설명하다. 한국은 물가가 비싸다. 많은 것들을 수입해야 한다. 한국의 토질은 채소를 재배하기에 적합하지 않다. 그래서 농민의 이익을 보호하여 물건 가격을 올려야 한다. 아직 좋은 해결 방법이 없다. 한국의 저출산 문제는 심하다. 한국의 여성들은 독립적인 직업을 가지고 있기 때문에 아이들에 대한 욕구가 줄어들 것이다. 한국은 사회적 부담이 커서 아이들을 키우기는 원가가 많이 든다. 한국의 저출산 문제로 인구 고령화가 심각해졌기 때문이다. 그래서 한국의 쓰레기 처리 문제, 우리 각자는 매일 많은 양의 쓰레기를 만들고 있으며, 대부분의 쓰레기는 과거에 묻혀 있다. 한국 정부는 쓰레기 분류 솔루션을 채택하다.
>
> (C 대학교 농업생명과학대학, OOO, 중국)

이 글은 비싼 물가, 저출산과 쓰레기 처리 문제 등을 한국의 사회적 문제로 제시하였다. 이를 위해 제시한 서론 부분은 앞의 두 문장으로서 분량이 아주 적다. 그러나 더 심각한 문제는 글의 결론에 해당하는 부분이 없다는 점이다. 글의 기본적인 틀을 갖추지 못한 것이다. 본론에서 제시한 한국 사회의 여러 가지 문제에 대해서도 내용을 더 보충하여 문단을 나누었더라면 좋았을 것이다.

게다가 두 번째 문장의 '설명하다'는 동사인데도 형용사처럼 활용해서 틀린 문장이 되었다. 이 외에도 아이들을 키우는 데 드는 비용을 '양육비'라고 하지 않고 '원가'라고 함으로써 적절하지 않은 어휘를 사용하기도 했다.

다음은 이와 같은 문제가 나타난 예들을 간략히 정리해서 제시한 것이다.

(1) 내용이 부족한 글

(2) 형식에 맞지 않은 글

(3) 문단을 잘 나누지 못한 글

- 통일성이 없는 문단
- 완결성이 부족한 문단
- 긴밀성이 떨어지는 문단

(4) 문장 표기, 표현이 많이 틀린 글

- 조사 오류
- 어미 오류
- 어휘의 호응 관계 오류
- 주어 - 서술어 호응 오류
- 목적어 - 서술어 호응 오류
- 수식어 - 피수식어 호응 오류
- 높임 표현의 호응 오류
- 시간 표현의 호응 오류

(5) 구어체 문장으로 써서 틀린 글

- 종결 어미 오류
- 문장 성분과 조사 생략 오류
- 줄임 표현 사용 오류
- 어순 오류
- 인칭 대명사 오류
- 담화 표지 오류

1) 내용이 부족한 글

이 글은 청소년들의 자살 원인을 살피고 청소년 자살률을 줄이기 위한 대책을 제시한 것이다. 그런데 청소년들의 자살 원인에 대한 분석은 생략한 채 자살률을 줄이기 위한 대책에 대해서만 제시하고 있다. [고치기 전 1]을 읽고 빠진 내용을 [고쳐 보기 1]에 써 보자.

[고치기 전 1]

청소년기의 자살은 위와 같은 원인에 의해 영향을 받아 충동적으로 행해지는 경우가 많다. 어른들의 자살이 삶에 대한 포기의 한 표현이라면, 청소년들의 자살은 가정이나 사회에 도움을 요청하기 위한 절절한 몸부림인 것이다. 즉, 자아의 조절 기능이 약한 청소년기에 사회적, 심리적 갈등 상황이 생기거나 과도한 스트레스 상황에 직면할 때 자살이 극단적이고, 현실 도피적이고, 충동적인 문제해결의 한 수단으로 작용한다. 그렇다면 우리는 청소년 자살률을 줄이기 위해 다음과 같은 대책을 실시해야 한다.

청소년의 성장에 내재된 문제들을 주위 사람들과 사회가 관심을 가질 필요가 있다.

좋은 가정환경을 만들고 청소년들에게 건강한 공간을 만들다.

심리상담 강화는 청소년들이 올바른 마음가짐을 가지고 학습 스트레스와 실패에 직면하도록 돕는다.

사람들과 많이 교류한다.

이상의 경우 자살을 시도하려는 청소년들은 죽는 순간까지 삶과 죽음에 대한 고민을 한다. 그리고 자살 전에 자신의 자살 의도를 직간접적으로 알린다. 무의식중에라도 주변에 간절하게 도움을 요청하는 것이다. 이때 주변 사람들의 작은 관심이 아이의 구조 신호를 알아차린다면, 그래서 손을 내밀어 준다면, 자살의 위기를 넘길 수 있다.

(C 대학교 경영대학, OOO, 중국)

[고쳐 보기 1]

내용 추가하기 ☞ 청소년기의 자살 원인

청소년기의 자살은 위와 같은 원인에 의해 영향을 받아 충동적으로 행해지는 경우가 많다. 어른들의 자살이 삶에 대한 포기의 한 표현이라면, 청소년들의 자살은 가정이나 사회에 도움을 요청하기 위한 절절한 몸부림인 것이다. 즉, 자아의 조절 기능이 약한 청소년기에 사회적, 심리적 갈등 상황이 생기거나 과도한 스트레스 상황에 직면할 때 자살이 극단적이고, 현실 도피적이고, 충동적인 문제 해결의 한 수단으로 작용한다. 그렇다면 우리는 청소년 자살률을 줄이기 위해 다음과 같은 대책을 실시해야 한다.

청소년의 성장에 내재된 문제들을 주위 사람들과 사회가 관심을 가질 필요가 있다.

좋은 가정환경을 만들고 청소년들에게 건강한 공간을 만들어 준다.

심리상담 강화는 청소년들이 올바른 마음가짐을 가지고 학습 스트레스와 실패에 직면하도록 돕는다.

사람들과 많이 교류한다.

이상의 경우 자살을 시도하려는 청소년들은 죽는 순간까지 삶과 죽음에 대한 고민을 한다. 그리고 자살 전에 자신의 자살 의도를 직간접적으로 알린다. 무의식중에라도 주변에 간절하게 도움을 요청하는 것이다. 이때 주변 사람들의 작은 관심으로 아이의 구조 신호를 알아차린다면, 그래서 손을 내밀어 준다면, 자살의 위기를 넘길 수 있다.

다음 글은 '한국 사회의 저출산의 원인과 영향'에 대하여 쓴 것이다. 두 번째 문단에서 출산율이 낮아진 원인은 밝혔지만, 그 영향에 대해서는 찾아볼 수 없다. 이 글은 두 가지 방법으로 고칠 수 있다. 첫째는 제목을 고쳐 '한국 사회의 저출산의 원인'이라고 하고 그 원인에 대해서만 쓸 수도 있으며, 다른 하나는 제목에 제시한 주제 중 설명되지 않은 부분에 대해 충분한 해명을 하는 것이다. 즉 '저출산의 원인'에 대해서는 이미 썼으므로 '저출산의 영향'에 대해 추가하면 된다. [고치기 전 2]를 읽고 빠진 내용을 [고쳐 보기 2]에 써 보자.

[고치기 전 2]

한국 사회의 저출산의 원인과 영향

지난번에 뉴스에 보니 한국의 출산율이 0.98명으로 세계적으로 출산율이 제일 낮은 국가가 되었다. 작년에는 한국의 출산율이 저출산 국가와 지역으로 꼽히는 대만, 홍콩, 싱가포르, 일본보다 낮았다. 보통 인구 유지에 필요한 출산율이 2.1명인 것을 고려하며 앞으로 한국의 인구가 가파르게 감소할 것이다.

왜 이렇게 출산율이 낮아지냐면 몇 가지 원인이 있다. 일단 젊은 사람들이 결혼을 기피하기 때문이다. 또한 취업난, 주택지 증가, 교육비 증가 등으로 사실상 젊은이들이 아이를 낳기가 두렵기 때문이다. 특히 요즘 젊은 여성들의 결혼에 대한 생각은 옛날하고 많이 다르다. 결혼은 해도 좋고 하지 않아도 좋다는 의견이 많다. 여성들이 이런 생각을 가지고 있으니 당연히 결혼율이 떨어질 수밖에 없다.

이런저런 사회 문제 많지만 저출산 아직도 한국에 제일 심각한 문제이고 무엇보다 먼저 해결해야 할 문제라고 생각한다.

(C 대학교 경영대학, 000, 중국)

[고쳐 보기 2]

한국 사회의 저출산의 원인과 영향

지난번에 뉴스에 보니 한국의 출산율이 0.98명으로 세계적으로 출산율이 제일 낮은 국가가 되었다. 작년에는 한국의 출산율이 저출산 국가와 지역으로 꼽히는 대만, 홍콩, 싱가포르, 일본보다 낮았다. 보통 인구 유지에 필요한 출산율이 2.1명인 것을 고려하면 앞으로 한국의 인구가 가파르게 감소할 것이다.

왜 이렇게 출산율이 낮아지냐면 몇 가지 원인이 있다. 일단 젊은 사람들이 결혼을 기피하기 때문이다. 또한 취업난, 주택지 증가, 교육비 증가 등으로 사실상 젊은이들이 아이를 낳기가 두렵기 때문이다. 특히 요즘 젊은 여성들의 결혼에 대한 생각은 옛날하고 많이 다르다. 결혼은 해도 좋고 하지 않아도 좋다는 의견이 많다. 여성들이 이런 생각을 가지고 있으니 당연히 결혼율이 떨어질 수밖에 없다.

내용 추가하기 ☞ 저출산율의 영향

____

____

____

____

____

____

이런저런 사회 문제 많지만 저출산 아직도 한국에 제일 심각한 문제이고 무엇보다 먼저 해결해야 할 문제라고 생각한다.

2) 형식에 맞지 않은 글

아래에 제시한 [고치기 전 3]의 글은 최근에 발생한 문제로 한국과 일본의 관계가 좋지 않은 원인에 대해 세 가지로 나누어서 밝힌 것이다. 그러나 세 가지 원인만 제시하고 글을 마무리 없이 끝내서 결론이 없는 글이 되었다. 이 글이 형식을 갖춘 글이 되려면 마지막 부분을 보충해야 한다. 서론에서 한국과 일본의 관계가 나빠진 것을 심각한 사회 문제로 보고 그 원인을 제시한다고 했으므로 결론에서는 이러한 내용을 요약하고 정리하거나 대안을 제시하는 내용을 넣으면 적당할 것이다. 추가해야 할 결론의 분량은 전체 글의 분량으로 보아 한 문단 정도이면 적당하다.

먼저 [고치기 전 3]의 글을 읽어 보고, [고쳐 보기 3]에 고쳐 써 보자.

[고치기 전 3]

한국과 일본 간의 문제

한국은 요즘 사회 문제가 많이 발생하고 있는데, 특히 심각한 문제가 있다. 바로 한국이랑 일본의 관계 문제이다. 한국 정부와 일본 정부는 여러 원인 때문에 사이가 많이 안 좋아졌다.

먼저 두 나라는 경제 원인이다. 한국 핸드폰 제조 회사는 핸드폰을 만들 때 필요한 반도체 재료가 있다. 그 재료는 일본에서 수입해 왔다. 그런데 요즘 일본과 사이가 좋지 않아 한국 핸드폰 제조 회사는 그 재료를 수입할 수 없다. 한국 핸드폰 제조업은 한국 사회와 경제에 매우 중요하다. 한국 핸드폰은 해외에서도 많이 판매된다. 그래서 핸드폰 제조가 안 되면 수익이 떨어진다. 그러므로 한일 관계가 나빠졌다.

다음으로 여행 불매가 원인이다. 원래 한국 사람들은 일본에 여행을 많이 가는데 (중략)

마지막 원인은 일본 헌법 개정이다. 일본은 원래 제2차 세계대전 이후 법으로 군대를 가질 수 없게 되었다. 하지만 일본에서는 이 법을 어기고 싶어 한다. 이 법이 없어지면 진짜 전쟁이 발생할 가능성이 높다. 한국이랑 사이가 안 좋아서 진짜 전쟁이 발생하면 두 나라에서 살아가는 사람들이 많이 힘들어할 것이다. 사람들이 많이 걱정한다.

(C 대학교 사회과학대학, OOO, 중국)

[고쳐 보기 3]

한국과 일본 간의 문제

한국은 요즘 사회 문제가 많이 발생하고 있는데, 특히 심각한 문제가 있다. 바로 한국이랑 일본의 관계 문제이다. 한국 정부와 일본 정부는 여러 원인 때문에 사이가 많이 안 좋아졌다.

먼저 두 나라는 경제 원인이다. 한국 핸드폰 제조 회사는 핸드폰을 만들 때 필요한 반도체 재료가 있다. 그 재료는 일본에서 수입해 왔다. 그런데 요즘 일본과 사이가 좋지 않아 한국 핸드폰 제조 회사는 그 재료를 수입할 수 없다. 한국 핸드폰 제조업은 한국 사회와 경제에 매우 중요하다. 한국 핸드폰은 해외에서도 많이 판매된다. 그래서 핸드폰 제조가 안 되면 수익이 떨어진다. 그러므로 한일 관계가 나빠졌다.

다음으로 여행 불매가 원인이다. 원래 한국 사람들은 일본에 여행을 많이 가는데 (중략)

마지막 원인은 일본 헌법 개정이다. 일본은 원래 제2차 세계대전 이후 법으로 군대를 가질 수 없게 되었다. 하지만 일본에서는 이 법을 어기고 싶어 한다. 이 법이 없어지면 진짜 전쟁이 발생할 가능성이 높다. 한국이랑 사이가 안 좋아서 진짜 전쟁이 발생하면 두 나라에서 살아가는 사람들이 많이 힘들어할 것이다. 사람들이 많이 걱정한다.

내용 추가하기 ☞ 결론

3) 문단을 잘 나누지 못한 글

여기서는 두 편의 글을 제시하고자 한다. 먼저 제시한 글은 문단을 전혀 나누지 않고 쓴 글로서 읽어도 내용이 쉽게 정리가 되지 않는다. 이 글은 문장을 모아 문단만 만들어도 훨씬 논리적인 글이 될 수 있다. [고치기 전 4]를 읽은 후 [고쳐 보기 4]에 써 보자.

[고치기 전 4]

한국 사회의 고질적인 문제점을 지적하자면 하나둘이 아니라고 생각한다.

그래도 굳이 뽑자면 저는 지나친 교육열이 문제라고 생각한다.

취업난을 만든 것은 한국사회의 지나친 교육열이 오늘의 사태를 만들지 않았나 싶다. 과거 50, 60세대 분들은 21세기를 우리에게 너희들 너무 편한 일만 하려 한다거나 사무직만 하려고 한다거나 우리 때에는 손에 검은 기름칠을 해 가며 일했다는 등 여러 가지 말들을 한다.

오늘날의 대한민국을 만든 것은 감사하지만 오히려 배움에 대한 갈망이 한국 사회의 문제를 더 키웠다고 생각한다.

(C 대학교 생명과학대학, OOO, 중국)

[고쳐 보기 4]

한국 사회의 고질적인 문제점을 지적하자면 하나둘이 아니라고 생각한다.

그래도 굳이 뽑자면 저는 지나친 교육열이 문제라고 생각한다.

취업난을 만든 것은 한국사회의 지나친 교육열이 오늘의 사태를 만들지 않았나 싶다. 과거 50, 60 세대 분들은 21세기를 우리에게 너희들 너무 편한 일만 하려 한다거나 사무직만 하려고 한다거나 우리 때에는 손에 검은 기름칠을 해 가며 일했다는 등 여러 가지 말들을 한다.

오늘날의 대한민국을 만든 것은 감사하지만 오히려 배움에 대한 갈망이 한국 사회의 문제를 더 키웠다고 생각한다.

문단 정리하기 ☞

다음 글도 역시 문단을 잘 나누지 못하여 내용을 쉽게 이해할 수 없게 되었다. 한국 사회의 문제점 중 한국 물가가 비싼 것을 아주 자세하게 썼다. 밑줄 친 부분에서 볼 수 있듯이 물가가 비싼 네 가지를 예로 제시했다. 그런데 글에서는 과일과 책이 비싸다고 하면서 두 가지를 묶어 설명을 했으나, 화장지와 교통비는 따로따로 설명해 놓았다. 게다가 화장지는 한 문장으로 비싸다고 제시하여 글의 분량상 균형이 맞지 않게 되었다.

이 글을 고치는 데는 여러 가지 방법이 있겠으나 여기서는 세 개나 네 개의 문단으로 나누어 쓸 수 있으므로, [고치기 전 5]를 읽고 [고쳐 보기 5]에 써 보자.

[고치기 전 5]

한국의 물가 문제점

(서론-생략)

저는 한국에서 좋지 않은 점은 물가가 너무 비싸다는 것이라고 생각한다. 특히 과일이 비싸다. 한국의 과일이 매우 비싼 이유는 한국의 토지 자원과 기후의 제한 때문에 한국에서 재배할 수 없는 많은 과일을 수입했다. 중국의 과일과 비교하면 비교적 비싸다. 예를 들어 사과가 한국에서 980원이면 중국 돈으로 5.6위안에 해당한다. 중국에서 사과 한 개당 2위안으로 한국 돈 300원 정도가 될 수 있다. 가격은 한국 사과가 중국 사과보다 세 배 정도 비싸다. 사과뿐만 아니라 다른 과일은 배가 비싸다. 저는 한국 과일 중 바나나가 제일 싸다고 느낀다. 저는 한국에 막 왔을 때 한국의 과일이 매우 비싸다고 느낀다. 한국 책도 너무 비싸다. 중국 책과 비교하는 것은 비교적 비싸다. 한 권에 최소 1만 500원이 드는데, 이는 중국 돈 100위안에 해당한다. 중국에서 책 한 권당 30위엔, 한국에서는 5,000원짜리이다. 이 책값도 세 배 가까이 비싸다. 그래서 저는 매일 한국에서 과일을 먹을 수 있는 사람은 부자라고 정말 느낀다. 그리고 항상 새로운 책을 살 수 있는 사람은 부자였다. 한국 화장지도 비싸다. 한국에서는 버스나 택시가 모두 비싸다. 한국에서 버스나 지하철을 한 번 타는 것도 비싸다. 버스 한 번 타면 1,400원이다. 택시 타면 더 비싸다. 싼 기본료가 3,600원이 정도이다. 중국의 성도 지역이기도 하다. 지방의 택시는 기본료가 더 싸질 것이다. 우리 집에서는 택시 기본료가 1,000원이다.

(결론-생략)

(C 대학교 인문대학, 000, 중국)

[고쳐 보기 5]

한국의 물가 문제점

(서론-생략)

저는 한국에서 좋지 않은 점은 물가가 너무 비싸다는 것이라고 생각한다. 특히 과일이 비싸다. 한국의 과일이 매우 비싼 이유는 한국의 토지 자원과 기후의 제한 때문에 한국에서 재배할 수 없는 많은 과일을 수입했다. 중국의 과일과 비교하면 비교적 비싸다. 예를 들어 사과가 한국에서 980원이면 중국 돈으로 5.6위안에 해당한다. 중국에서 사과 한 개당 2위안으로 한국 돈 300원 정도가 될 수 있다. 가격은 한국 사과가 중국 사과보다 세 배 정도 비싸다. 사과뿐만 아니라 다른 과일은 배가 비싸다. 저는 한국 과일 중 바나나가 제일 싸다고 느낀다. 저는 한국에 막 왔을 때 한국의 과일이 매우 비싸다고 느낀다. 한국 책도 너무 비싸다. 중국 책과 비교하는 것은 비교적 비싸다. 한 권에 최소 1만 500원이 드는데, 이는 중국 돈 100위안에 해당한다. 중국에서 책 한 권당 30위엔, 한국에서는 5,000원짜리이다. 이 책값도 세 배 가까이 비싸다. 그래서 저는 매일 한국에서 과일을 먹을 수 있는 사람은 부자라고 정말 느낀다. 그리고 항상 새로운 책을 살 수 있는 사람은 부자였다. 한국 화장지도 비싸다. 한국에서는 버스나 택시가 모두 비싸다. 한국에서 버스나 지하철을 한 번 타는 것도 비싸다. 버스 한 번 타면 1,400원이다. 택시 타면 더 비싸다. 싼 기본료가 3,600원이 정도이다. 중국의 성도 지역이기도 하다. 지방의 택시는 기본료가 더 싸질 것이다. 우리 집에서는 택시 기본료가 1,000원이다.

문단 정리하기 ☞

___

(결론-생략)

4) 문장 표기, 표현이 많이 틀린 글

자신이 쓰고자 하는 주제가 잘 나타나고, 내용이 좋을지라도 표기나 표현이 정확하지 못하면 의미를 잘 전달하기가 어렵다. 여기에서 표기는 주로 어휘와 관련된 것인 반면 표현은 조사나 어미 등 주로 문법과 관련된 것을 가리킨다.

한국어는 첨가어로서 조사와 어미가 다른 언어에 비하여 다양하다. 조사가 없는 언어권의 학생들은 조사를 생략하거나 잘못 쓰기도 하므로 주의하여 바르게 잘 써야 한다. 그리고 한국어는 동사와 형용사의 활용형이 달라 다른 어미를 써야 하는데 학생들은 형용사를 동사처럼 활용해서 잘못된 표현을 하기도 한다.

우리는 4장 바른 문장 쓰기에서 어휘 오류, 문법 오류, 어휘의 호응 관계 오류 등으로 나누어 잘못된 문장을 고쳐 보는 훈련을 하였다.

다음에 소개한 예문은 학생이 경험한 것을 쓰도록 한 글에서 일부분을 가져온 것이다. [고쳐 보기 6]을 보기 전에 [고치기 전 6]의 글을 읽어 보고 잘못된 부분을 찾아보자.

[고치기 전 6]

저는 고등학교 방학 때 아르바이트를 많이 해 봤다. 꽃집이나 식당이나 해 본 적이 있다. 그 당시에 힘들었던 점보다 배운 점이 더 많다. 왜냐하면 아르바이트 하는 시간이 좀 짧으지만 참을성이 굉장히 필요한다. 나쁜 손님이 우리 식당에서 와서 힘들었다. 이 손님한테 끝까지 참았어서 나중에 사장님에게 칭찬을 받았다. 그리고 나는 거기서 사장님 딸과 사귀했다.

[고쳐 보기 6]은 [고치기 전 6]을 바르게 수정한 것이다.

[고쳐 보기 6]

~~저는~~ 고등학교 방학 때 아르바이트를 많이 해 봤다. 꽃집~~이나~~ 식당~~이나~~ 해 본
→나는 과 에서
적이 있다. 그 당시에 힘들었던 점보다 배운 점이 더 많다. ~~왜냐하면~~ 아르바이트

하는 시간~~이~~ 좀 ~~짧으지만~~ 참을성이 굉장히 ~~필요한다.~~
→ 은 짧았지만 필요했다.
나쁜 손님이 우리 식당~~에서~~ 와서 힘들었다. 이 손님~~한테~~ 끝까지 ~~참았어서~~ 나중
→ 에 에게 아서
에 사장님~~에게~~ 칭찬을 받았다. 그리고 나는 거기서 사장님 딸과 ~~사귀하기~~ 시작했다.
→ 께 사귀기

5) 구어체 문장으로 쓴 글

4.4에서 살핀 것처럼 말을 하는 것과 글을 쓰는 것은 다르다. 학생들은 주로 말을 먼저 배우기 때문에 글을 쓰면서도 말할 때 사용하는 조사나 어미를 그대로 사용하는 경우가 많다. 그러므로 구어체를 적절한 문어체로 바꾸어 써야 한다.

'-ㅂ니다/습니다' 등은 격식을 갖춰 말할 때 사용하는 구어체 어미이므로 글을 쓸 때는 '-ㄴ다/는다'로 써야 하는데 이것은 학생들이 자주 잘못 쓰는 예이다. 어떤 글에서는 구어체와 문어체를 같은 문단 내에서 섞어 쓰기도 하는데 이런 예도 학생들의 글에서 흔하게 나타난다. 아래 예시문은 학생이 자신의 전공을 소개한 글의 일부분인데 먼저 글을 읽어 보자.

저는 한국에 오기 전에 중국에서 경영학을 공부했다. 한국에 와서는 내가 공부한 전공을 살려 국제학과에서 여러 나라의 경영학을 공부하고 있다. 요즘은 공부를 하면 할수록 전공을 잘 선택했다고 생각합니다. 호기심이 많은 내 성격과 경영학은 잘 어울린다(C 대학교 경영학과, ○○○, 중국).

위에 소개한 학생의 글은 얼핏 읽어 보면 문장 표현이 비교적 정확해 보인다. 그러나 이 글은 구어체와 문어체를 섞어서 쓰고 있다. 글 전체적으로는 문어체를 사용했으나 세 번째 문장에서는 갑자기 구어체를 사용했으므로 세 번째 문장의 '생각합니다'를 '생각한다'로 고쳐야 한다. 그리고 첫 번째 문장의 서술어는 '공부했다'이므로 주어인 '저는'을 '나는'으로 써야 호응이 된다. 비교적 글을 잘 쓰는 학생들의 글에서도 이 글과 같이 구어체와 문어체를 섞어 쓰는 일이 종종 나타난다.

다음 글 [고치기 전 7]은 마치 학생이 발표하는 것처럼 글을 쓴 것으로 구어체에 해당한다. [고쳐 보기 7]에서 밑줄 친 구어체 표현을 문어체로 바꾸어 보자.

[고치기 전 7]

한국은 1953년 북한과의 전쟁을 휴전했을 당시 기준 1인당 국민소득(GDP)이 67달러 정도의 최극빈에 속하는 전 근대적인 농경국가였습니다. 당시 세계 109위 정도였으며, 자원이 부족하여 서방의 국가들을 비롯한 다양한 국가들로부터 인도적 지원을 받아왔습니다.

(중략)

저는 남녀노소를 구분하지 않고 나타나는 포노사피엔스의 비율이 많다는 것은 한국의 큰 문제점이라고 생각한다. 제가 알바하는 가게에만 봐도 초등학교도 들어가기 전에 어린아이들이 부모님과 밥을 먹으러 오면 스마트폰이 없으면 밥을 먹지 않는다. 또한 우리 학교의 수업하기 10분 전의 강의실만 봐도 80-90% 학생들이 그저 스마트폰만 사용하고 있다.

(중략)

스마트폰을 보면서 걷는 행위는 자신뿐만 아니라 타인에게도 위협이 될 수 있기 때문에 걷는 동안만이라도 사색을 하며 자연을 바라봐 주었으면 합니다.

(C 대학교 공과대학, 000, 베트남)

[고쳐 보기 7]

한국은 1953년 북한과의 전쟁을 휴전했을 당시 기준 1인당 국민소득(GDP)이 67달러 정도의 최극빈에 속하는 전 근대적인 농경국가였습니다. 당시 세계 109위 정도였으며, 자원이 부족하여 서방의 국가들을 비롯한 다양한 국가들로부터 인도적 지원을 받아왔습니다.

(중략)

저는 남녀노소를 구분하지 않고 나타나는 포노사피엔스의 비율이 많다는 것은 한국의 큰 문제점이라고 생각한다. 제가 알바하는 가게에만 봐도 초등학교도 들어가기 전에 어린아이들이 부모님과 밥을 먹으러 오면 스마트폰이 없으면 밥을 먹지 않는다. 또한 우리 학교의 수업하기 10분 전의 강의실만 봐도 80-90% 학생들이 그저 스마트폰만 사용하고 있다.

(중략)

스마트폰을 보면서 걷는 행위는 자신뿐만 아니라 타인에게도 위협이 될 수 있기 때문에 걷는 동안만이라도 사색을 하며 자연을 바라봐 주었으면 합니다.

이제 마지막으로 이 절의 처음에서 제시한 글을 이제까지 연습한 것을 바탕으로 고쳐 보도록 하자.

[고치기 전 8]

한국 사회의 문제

한국에는 여러 문제가 있다. 한국의 사회적 문제를 설명하다. 한국은 물가가 비싸다. 많은 것들을 수입해야 한다. 한국의 토질은 채소를 재배하기에 적합하지 않다. 그래서 농민의 이익을 보호하여 물건 가격을 올려야 한다, 아직 좋은 해결 방법이 없다. 한국의 저출산 문제는 심하다. 한국의 여성들은 독립적인 직업을 가지고 있기 때문에 아이들에 대한 욕구가 줄어들 것이다. 한국은 사회적 부담이 커서 아이들을 키우기는 원가가 많이 든다. 한국의 저출산 문제로 인구 고령화가 심각해졌기 때문이다. 그래서 한국의 쓰레기 처리 문제, 우리 각자는 매일 많은 양의 쓰레기를 만들고 있으며, 대부분의 쓰레기는 과거에 묻혀 있다. 한국 정부는 쓰레기 분류 솔루션을 채택하다.

(C 대학교 농업생명과학대학, OOO, 중국)

[고쳐 보기 8]

제2부 실용적 글쓰기

06 문자 및 이메일 쓰기

인터넷의 발달로 빠르고 편하게 주고받을 수 있는 문자와 이메일의 사용이 빈번해졌다. 그러나 많은 학생들이 문자나 이메일을 보낼 때 예의를 지키지 않거나 형식을 제대로 갖추지 않고 보내는 경우가 많다. 편지와 마찬가지로 문자와 이메일은 받는 사람과 나와의 관계가 중요하다. 특히 나이와 직위, 혹은 친소 관계에 따라 많은 것이 달라진다.

이번 장에서는 문자와 이메일을 보낼 때 지켜야 할 예절을 살펴본 후 이메일에서 사용하는 형식과 표현에는 무엇이 있는지 알아보자.

6.1. 나의 문자 및 이메일 쓰기 실태 진단

다음은 학생이 담당 교수에게 보낸 이메일이다.

목록 | 윗글 | 아랫글 | 삭제 | 완전삭제 | 답장 | 전체답장 | 전달 | 저장

제목	No Title
보낸사람	열정만이희망이다 <****@hanmail.net>
받는사람	******@cnu.ac.kr
보낸날짜	2018-02-21 15:36:03

교수님 저가 수업에 감기대문에 안 가요.
그래서 이번 과제 몰아요.
무엇이에요?

이 이메일에는 몇 가지 문제점이 있다. 일단 맞춤법과 문법 오류가 눈에 띈다. 예의를 갖추어야 할 상대방에게 보내는 이메일일수록 이 부분에 더욱 신경을 써야 한다. 이뿐만 아니라 제목도 없고 자기소개도 없어 누가 보낸 것인지 정확하게 알 수 없다. 이처럼 위의 이메일은 많은 문제점을 가지고 있다.

과거에 자신이 보낸 이메일을 다시 확인한 후 자신이 작성한 이메일의 문제점을 파악해 보자. 그리고 아래 빈칸에 자신의 문자와 이메일의 문제점을 써 보자.

[문자의 문제점]

[이메일의 문제점]

6.2. 올바른 문자 쓰기

1) 시간

문자는 이메일과 달리 보내는 즉시 상대방에게 전달되기 때문에 시간 예절을 지켜야 한다. 특히 윗사람에게 문자를 보낼 때는 늦은 밤이나 이른 아침은 삼가야 한다.

2) 맞춤법

시간과 함께 문자 예절의 기본은 언어이다. 통신어나 과도하게 줄여 의미 파악이 어려운 준말은 사용하지 않는 것이 바람직하다. 특히 공적인 관계의 사람에게나 윗사람에게 보낼 때는 더욱 맞춤법에 맞게 쓰는 것이 좋다.

3) 이모티콘

요즈음 학생들은 문자를 보낼 때 이모티콘을 사용하지 않으면 기분이 상해 있다고 생각하는 경우가 많다. 그러나 상대방을 고려하지 않고 이모티콘을 마구 사용하는 것은 바람직하지 않다. 이모티콘의 경우 아주 가까운 친구 사이에는 크게 문제가 되지 않으나 공적인 업무에서는 사용하지 말아야 한다.

4) 인사말과 자기소개

문자는 글자 수에 제한이 있다. 따라서 요점만 간단히 보내는 것이 필요하다. 그러나 아무리 짧은 글이라도 자주 문자를 주고받는 가까운 친구가 아닌 이상 간단한 인사말과 이름을 밝힌 후 내용을 적는 것이 좋다. 특히 대학에서 교수님께 과제를 제출하거나 질문이 있어 문자를 보낼 때는 꼭 자신이 듣는 수업을 언급한 후 자신의 이름과 전공 학과 등을 밝혀 보내는 것이 좋다.

써 보기

현재 자신이 듣고 있는 수업 중 하나를 선택하여 담당교수님께 보내는 문자의 인사말과 간단한 자기소개를 써 보라.

연습하기

1. 학과 엠티(MT) 장소를 몰라 선배에게 문자를 보내려고 한다. 아래에 내용을 써 보라.

2. 아침에 감기가 너무 심해져서 혹은 너무 아파서 조별 모임에 참석할 수 없다. 조원들에게 보낼 문자를 작성해 보라.

6.3. 올바른 이메일 쓰기

'이메일(e-mail)'이라는 용어에서도 알 수 있듯이 이메일도 편지이다. 따라서 이메일을 쓸 때에는 편지와 마찬가지로 형식을 지켜야 한다. 즉 부르는 말을 쓰고 인사를 한 후 용건을 쓰면 된다. 또한 마지막에 보내는 사람 이름을 쓰면서 마무리하면 된다. 한편, 이메일은 편지와 달리 이메일을 쓴 날짜는 생략하는데 이는 자동으로 표시되기 때문이다.

업무용 메일이나 대학에서 교수님께 보내는 이메일에서는 파일을 첨부하여 보낼 때가 많다. 이처럼 파일을 보내려고 이메일을 이용할 때에 아무런 인사나 내용 없이 그냥 파일만 첨부하여 보내기보다는 인사와 함께 간단한 내용을 써 주는 것이 바람직하다. 이번 절에서는 이메일의 형식과 표현에 대해 자세히 살펴보자.

1) 이메일 제목

① 제목에는 쓴 목적이 드러나게 쓰는 것이 일반적이다. 즉 제목만 보고도 내용을 알 수 있도록 쓰는 것이 좋다.

예) 학회 알림
자기소개서_과제 제출
조별 모임 시간

② 제목으로 '00 교수님께, 00 선생님께' 혹은 자기소개를 쓰기도 한다.

예) 000 교수님께
국어국문학과 18학번 장명입니다.

써 보기

다음 내용에 맞는 이메일 제목을 작성해 보라.

1) 사이버캠퍼스에서 제출 기한 내에 과제를 제출하지 못하여 다른 방법으로 과제를 제출할 수 있는지 확인하는 메일을 보낼 때

제목: ______________________________

2) 장학금 신청에 교수님의 추천서가 필요하여 교수님께 추천서를 부탁하는 메일을 보낼 때

제목: ______________________________

2) 부르는 말

① 편지의 호칭과 마찬가지로 상대방에 따라 적절하게 쓰면 된다.

② 받는 사람의 이름을 부르며 시작한다.

예) 000 선생님께
000 교수님께
장명에게

3) 인사

인사를 하거나 안부를 묻는다.

예) 안녕하십니까? / 안녕하세요?
추운 날씨에 건강히 잘 지내고 계신지요?

써 보기

다음 내용에 맞는 인사말이나 계절에 맞는 인사말을 작성해 보라.

1) 1학기 종강 후 성적 확인을 위해 교수님께 메일을 보낼 때

____

____

2) 장학금 신청에 교수님의 추천서가 필요해서 교수님께 추천서를 부탁하는 메일을 보낼 때(지금은 12월이다.)

____

____

4) 자기소개

① 보내는 사람이 누구인지 바로 알 수 있도록 자신을 밝힌다.

② 특히 교수님께 보낼 때 전공 학과, 학번, 이름 등을 쓰도록 한다.

> 예) 저는 경영학과 20학번 000라고 합니다.
> 교수님의 '한국어 1' 수업을 듣고 있는 000입니다.
> 지난 학기에 교수님의 수업을 들었던 중어중문학과 19학번 000라고 합니다.

5) 이메일을 보낸 목적이나 이유

① 이메일을 보낸 목적이나 이유를 정중하되 명확하게 표현한다.

② 대부분의 메일은 두괄식으로 표현하여 핵심을 쉽고 빠르게 파악할 수 있도록 쓴다.

예) 다름이 아니라 추천서를 부탁드리기 위해 메일을 보내게 되었습니다.
이번 주 과제를 파일로 첨부합니다.

6) 끝인사

① 감사의 말을 쓰거나 죄송한 마음을 표현한다.

예) 바쁘신데 이러한 메일을 보내게 되어 죄송합니다.
과제를 늦게 제출하게 되어 죄송합니다.

② 인사를 한다.

예) 그럼, 안녕히 계십시오.
추운 날씨에 건강에 유의하시기 바랍니다.

7) 보내는 사람 이름

① 편지의 마지막에는 보내는 사람의 이름을 쓴다.

② 보내는 사람의 이름의 경우 높여야 할 대상에게 보낼 때는 000 올림, 000 드림을, 그 밖의 사람에게는 000 씀, 000가/이가, 000[이름]을 쓴다. 특히 교수님께 보낼 때는 이름과 함께 '올림'을 쓰는 것이 바람직하다.

예) 000 올림
000 드림

③ 이메일의 끝에는 보통 연락처 정보를 담은 서명을 추가하기도 한다. 서명에는 전화번호, 주소 등의 정보를 담는다.

④ 자동서명 기능이 있으므로 이를 활용하는 경우도 많다.

8) 과제 제출

① 교수님께 이메일로 과제를 제출할 때, 과제의 내용은 이메일의 본문에 바로 쓰지 않는다.

② 과제만 첨부하지 말고 본문에 내용을 작성하여 보낸다.

연습하기

1. 다음의 메일을 바르게 고쳐 보라.

목록 | ▲윗글 | ▼아랫글 | ×삭제 | ×완전삭제 | 답장 | 전체답장 | 전달 | 저장

제목	No Title
보낸사람	열정만이희망이다 <****@hanmail.net>
받는사람	******@cnu.ac.kr
보낸날짜	2018-02-21 15:36:03

교수님 저가 수업에 감기대문에 안 가요.
그래서 이번 과제 몰아요.
무엇이에요?

2. 다음은 교수님께 이메일로 과제를 제출한 글이다. 두 메일을 비교해 보라.

<예시 1>

목록 | 윗글 | 아랫글 | 삭제 | 완전삭제 | 답장 | 전체답장 | 전달 | 저장

제목	기말과제
보낸사람	열정만이희망이다 <****@hanmail.net>
받는사람	cnupress <******@cnu.ac.kr>
보낸날짜	2018-02-21 15:38:17

교수님께

안녕하세요?
화요일 2, 3교시 기초글쓰기를 듣는 경영학과 17학번 장명입니다.
기말과제를 첨부파일로 제출합니다.
안녕히 계세요.

장명 올림.

<예시 2>

목록 | 윗글 | 아랫글 | 삭제 | 완전삭제 | 답장 | 전체답장 | 전달 | 저장

제목	과제
보낸사람	열정만이희망이다 <****@hanmail.net>
받는사람	cnupress <******@cnu.ac.kr>
보낸날짜	2018-02-21 15:38:53

▸ 일반 첨부파일

기말과제.hwp

3. 다음 메일의 문제점이 무엇인지 찾아보고 바르게 써 보라.

목록 | 윗글 | 아랫글 | 삭제 | 완전삭제 | 답장 | 전체답장 | 전달 | 저장

제목	no subject
보낸사람	열정만이희망이다 <****@hanmail.net>
받는사람	cnupress <******@cnu.ac.kr>
보낸날짜	2018-02-21 15:40:56

교수님,

이것은 저의 자기소개서 과제입니다.

어렸을 때 학교에서 연극을 한 적이 있습니다. 그 때 제가 맡은 역할은 '나무'였습니다. 한 마디 대사도 없는 볼품없는 역할이라고 생각한 저는 연습 시간에 매일 집에 가겠다고 떼를 썼습니다. 어느 날 어머니께서 저에게 연극에서 맡은 역할을 연기해 보라고 하셨습니다. 그래서 두 손을 뻗고 거실 한 가운데에 섰더니 어머니께서 전혀 나무처럼 보이지 않는다며 더 생각해 보라고 하셨습니다. 저는 대사도 없는 '나무'였기 때문에 쉽게 보고 그냥 서 있기만 하면 된다고 생각했습니다. 한 번도 나무를 어떻게 표현할지 생각해 보지 않았고, 어디에 서서 다른 역할들과 조화를 이루어야 하는지도 몰랐습니다. 다음날부터 저는 학교에서 열심히 연습에 참여했고 연극을 무사히 마쳤습니다. 어머니께서는 '제일 훌륭한 나무였어. 책임감 있는 나무!'라고 하시며 칭찬해 주셨습니다. 저는 이 경험을 소중하게 기억합니다. 아무리 작은 일이라도 내가 맡은 일에 최선을 다해 끝까지 책임감 있게 해야 좋은 결과도 있을 수 있다고 생각합니다. 지금도 그 때 일을 교훈 삼아 모든 일을 책임감 있게 대하고 있습니다.

07 노트 필기와 시험 답안 쓰기

7.1. 노트 필기의 방법

강의를 듣고 그 내용을 이해하는 것은 중요하다. 강의 내용을 한두 번 놓치다 보면 수업을 따라가지 못하고 이내 흥미를 잃게 되어 결국에는 수강을 포기하기에 이른다. 강의를 들을 때 필기를 잘하면 수업 시간은 물론 복습을 할 때에도 도움을 받을 수 있다. 무엇보다 시험 준비에 많은 도움을 얻을 수 있다.

1) 강의 담화 표지를 이해한다

강의 시작 후 교수는 다음과 같은 담화 표지를 사용하면서 설명하기 때문에 이를 알고 있으면 주요 핵심 내용은 물론이고 인과 관계나 예시 등을 파악할 수 있기에 강의를 보다 잘 이해할 수 있으며 노트에 잘 분류하여 적을 수 있다.

- 핵심 내용을 나열할 때: 첫째, 둘째, 셋째…,
  먼저, 다음으로, 마지막으로
- 원인과 결과를 이야기할 때: 왜냐하면, 그 이유는, 그 원인은,
  그래서, 그러니까, 그러므로
- 예를 들어 설명할 때: 예를 들면, 예를 들어, 예컨대
- 화제를 전환할 때: 그런데, 그럼 이번에는, 그건 그렇고, 혹은
- 요약하여 말할 때: 지금까지 논의를 정리하면, 요약하면
- 비교하거나 대조할 때: 둘 다, 그러나, 다만, 다른 한편으로는

2) 큰 제목과 작은 제목을 적는다

제목은 가장 왼쪽에 오도록 맞추어 쓴다. 왼쪽부터 큰 제목을 쓰고 오른쪽으로 들어갈수록 소제목을 써서 내용을 분류하면 보기에도 좋고 나중에 내용을 이해하기도 쉽다. 다음에 제시한 담화 표지를 통해 그날 배울 강의 제목을 쉽게 파악할 수도 있다.

<전시 학습 확인>
- 지난 시간에는 ooo에 대해 살펴보았습니다.
- 지난 시간에 살펴본 내용은 ooo이었습니다.

<도입부>
- 오늘은 ooo에 대해서 살펴보겠습니다.
- 오늘 수업에서는 ooo에 관해 알아보겠습니다.
- 자, 오늘은 ooo에 대해 봅시다.

<종결부>
- 지금까지 ooo에 대해 살펴보았습니다.
- 지금까지 살펴본 내용을 요약하면 다음과 같습니다.
- 정리하면, 결론적으로

3) 강의 순서대로 내용을 정리한다

강의 내용을 모두 노트에 필기할 수는 없다. 따라서 들은 내용을 순서에 따라 요약하며 필기한다. 강의도 처음, 중간, 끝으로 이루어지기 때문에 순서대로 적으면 이후에 알아보기 쉽다.

다음은 강의 순서대로 필기한 예이다.

1. 문화
1) 문화 변동
① 의미: 한 사회의 문화가 다양한 원인에 의해 변하는 것.
② 원인
내적요인 발명: 예전에 없던 것 만들어냄.
ex) 전구, 컴퓨터 등
발견: 이미 존재, 아직 알려지지 않은 것 알아냄 or 찾아냄.
ex) 불, 신대륙

외적요인 전파: 한 사회의 문화가 다른 사회에 전해져 정착됨.
ex) 기독교, 불교의 전파, 한자 전래
(중략)

4) 문화 다양성: 문화상대주의 vs. 문화절대주의
① 문화상대주의: 문화의 다양성 인정, 이해
– 문화가 지닌 고유한 가치 존재 → 상대방의 입장에서 문화 이해
∴ 다른 나라 문화 올바르게 이해
ex)한국 개고기, 이슬람교의 돼지고기 기피, 인도 힌두교의 소 신성화
★ but 인정과 이해의 정도 필요 → 인류 보편적 가치에 부합
ex) 식인종, 카스트제도

한편, 강의 내용을 필기할 때는 다음에 유의하여 쓴다.

- 번호를 써서 순서대로 필기한다.
- 불필요한 조사는 생략한다.
- 이미 필기한 내용의 부연 설명은 말꼬리를 달아 쓴다.
- 중요한 내용은 밑줄을 긋거나 색연필로 따로 표시한다.
- 서로 관련된 내용은 화살표로 연결하여 정리한다.
- 그래프나 다이어그램을 사용하여 간단하게 정리한다.
- 부호를 사용하여 간략하게 정리한다.

이외, 교수로부터 강의 자료를 받은 경우에는 자료에 직접 강의 내용을 적는 것도 좋다.

4) 이후 보충 필기를 위해 여백을 남긴다

수업 도중 앞부분에 했던 내용이 반복되거나 모르는 용어가 나올 경우를 대비하여 여백을 남기는 것이 좋다. 노트를 꽉 채우면 나중에 보충 필기를 할 수 없기 때문이다. 즉, 모르는 부분이나 이해가 가지 않는 부분은 질문을 한 후 추가로 작성한다. 어려운 개념은 여백을 남겨 복습할 때 모국어로 필기하는 것도 내용을 이해하는 데 도움이 된다.

연습하기

1. 다음은 사회학 강의 중 일부를 적은 것이다. 강의 내용을 보고 노트 필기를 해 보라.

> 오늘은 지역 갈등에 대해 살펴보겠습니다. 지역 갈등이란 말은 '지역'과 '갈등'의 합성어입니다. 지역이란 우리가 지금 살고 있는 곳, 국토의 한 부분이겠죠? 다시 말하면 한 국가 안에 여러 지역이 존재하고 국가 밖에도 마찬가지입니다. 그러면 그 안에 살고 있는 사람들은 모두 똑같은 목표와 동기의식을 가지고 있을까요? 그렇죠. 당연히 모두 다른 욕구를 가지고 살고 있습니다. 그러면 그러한 욕구들은 서로 조화를 이루어 살기 좋은 행복한 지역 사회를 이끌 수 있습니다. 하지만 현실은 그렇지 않습니다. 여러 개의 욕구는 서로 충돌하면서 개인과 개인이 싸우듯이 집단과 집단 간 충돌을 겪게 됩니다. 이것이 바로 지역 갈등입니다.
>
> 자, 그러면 인간이라면 자신에게 이득이 되는 쪽으로 의견 조율을 하고 싶겠죠? 서로가 그렇다 보니 좋은 것은 하고 싶고, 나쁜 것은 하기 싫은 겁니다. 그래서 생기는 것이 바로 지역 이기주의입니다.

7.2. 시험 답안 쓰기의 실제

시험에서 좋은 점수를 받기 위해서는 내용을 이해하고 있는 것도 중요하지만 그것을 답안지에 어떻게 잘 표현하는지도 상당히 중요하다. 다음에 형식까지 갖춘 답안 작성 방법에 대해 살펴보자.

1) 출제 의도를 파악한다

출제 의도를 파악하는 것이 필요하다. 즉 단순히 개념 정의나 사실만을 요구하는 설명형 문제인지, 개인적인 의견까지 요구하는 논술형 문제인지 잘 파악해야 한다. 특히 논술형 문제에 대한 답안을 작성할 때 자신의 견해를 빠뜨리는 경우가 종종 있으므로 이에 유의해야 한다.

① 설명형 문제: 용어의 개념을 정의하거나 어떤 대상에 대한 사실을 간단히 기술하는 문제

<설명형 문제 유형>

- ~을 정의하시오.
- ~은/는 무엇인지 쓰시오.
- ~에 대해 기술하시오.
- ~와/과 ~을/를 비교하여 설명하시오.
- ~와/과 ~의 차이점을 기술하시오.

<설명형 문제의 예>

- 문화적 상대주의에 대해 기술하십시오.
- 한국어와 모국어의 모음체계를 비교하여 설명하십시오.
- 도시생태학의 개념을 정의하십시오.

② 논술형 문제: 대상에 대한 설명은 물론 작성자의 견해까지 기술해야 하는 문제

<논술형 문제 유형>

- ~에 대해 자신의 생각을 논하시오.
- ~에 대한 자신의 입장을 서술하시오.

<논술형 문제의 예>

- 인간의 본성에 대해 자신의 생각을 서술하십시오.
- 4차 산업혁명이 학교 교육에 미치는 영향과 교사가 가져야 할 가치관에 대해 논하시오.
- 세계화의 긍정적인 영향과 부정적인 영향을 설명하고 자신의 견해를 제시하시오.

2) 답안을 계획한다

답안도 한 편의 완결된 글이 되어야 하기 때문에 서론 - 본론 - 결론의 구성을 갖추어야 한다. 이를 위해 답안을 작성하기 전에도 개요를 작성하여 쓸 내용을 문단별로 정리한다. 본론 안에는 여러 문단이 있을 수 있으며 문단이 시작될 때는 반드시 들여쓰기를 하여 내용뿐만 아니라 형식에서도 구분이 되도록 한다.

① 설명형 문제

▶ 답안에 반드시 들어가야 할 필수 어휘를 메모한다.

▶ 정의나 비교 · 대조 등의 설명 방법에 따라 필수 어휘를 배열한다.

▶ 주관적인 견해는 기술하지 않는다.

▶ 설명의 대상을 명확히 밝히고 객관성을 입증할 수 있도록 자료를 제시한다.

② 논술형 문제

▶ 서론 - 본론 - 결론의 구성을 갖춘다.

▶ 자신의 견해를 밝힌다. 특히 찬반의 입장을 밝혀야 하는 문제의 경우 자신의 입장을 분명히 제시해야 한다.

▶ 자신의 입장을 뒷받침할 근거를 제시해야 한다.

3) 시험 답안을 작성할 때도 문단을 나누어 쓴다

답안을 쓸 때도 구성에 맞게, 내용에 따라 문단을 나누어야 한다. 간혹 답안 전체를 한 문단으로 작성하는 경우가 있다. 그러나 이처럼 문단을 나누지 않으면 보기에도 좋지 않을 뿐더러 작성자가 내용을 제대로 파악하지 않았음을 시인하는 것이 된다.

4) 답안은 반드시 문장으로 쓴다

시험 답안 쓰기는 노트 필기와 다르다. 그러나 간혹 몇몇 학생 중에는 마치 노트에 필기하듯 요약형으로 작성하는 경우가 있다. 다음 예를 살펴보자.

<문제> 세계화의 긍정적 영향과 부정적 영향을 설명하고 자신의 생각을 논하시오.

• 세계화의 의미

여러 나라의 활발한 교류로 국가 간 상호 의존성이 증가하면서 세계가 단일한 하나의 체계로 통합되는 현상

• 세계화의 긍정적 영향

1. 나라 간 자유로운 이동: 자본, 물건, 노동력 등
2. 보편적 가치의 확산: 인권, 민주주의 등
3. 문화 현상의 풍요로움: 서로 간 문화 전파가 쉬워짐.

• 세계화의 부정적 영향

(중략)

• 나의 생각

1. 연대 의식을 가져야 함.
2. 문화 다양성을 존중해야 함.

이는 답안지라기보다는 노트 필기에 가깝다. 완전한 문장이 아닌 요약형으로 제시하였기 때문이다. 완벽한 답안을 작성하기 위해서는 위의 내용을 논리적으로 연결하여 문장으로 기술해야 한다.

한편, 문장을 쓸 때는 다음에 유의해야 한다.

첫째, 구어체가 아닌 문어체로 작성한다.

둘째, 종결 어미는 해라체로 작성한다. 특히 비격식체의 두루 높임에 해당하는 '-아/어요'는 사용하지 않는다.

셋째, 하나의 주어와 술어로 구성된 완성된 문장으로 작성한다.

넷째, 주어 '나'를 사용하지 않고 생략한다.

다섯째, 추측 표현은 가급적 사용하지 않는다.

여섯째, 축약어나 유행어, 이모티콘 등을 사용하지 않는다.

일곱째, 한글맞춤법, 띄어쓰기 등의 규정에 유의한다.

다음 예를 통해 바람직한 답안 작성법을 살펴보자.

문제) 세계화의 긍정적 영향과 부정적 영향을 설명하고 자신의 생각을 논하시오.

저는 세계화로 인한 긍정적인 영향도 있고 부정적인 영향도 있다고

생각합니다. 먼저 긍정적인 영향을 말하겠습니다. 첫째, 여러 나라 간

살펴보면 다음과 같다

의 교류가 자유로워졌기 때문에 무역이 굉장히 활발해졌습니다. 둘

활발해졌다

째, 세계화로 인해 인간이라면 기본적으로 갖추어야 할 인권이나 민주

주의 등의 가치가 확산 되고 있는 것 같습니다. 그리고 중동의 '아랍의

있다

봄'하고 인도의 '여성 인권 운동' 등등...... 많은 현상이 이에 속합니다. 셋

과 / 과 같은 / 속한다

째, 나라 간의 문화 교류가 쉬워지면서 나라 내의 문화 현상이......

국가

연습하기

1. 자신의 전공 과목에서 출제되는 시험 문제를 조사하여 답안을 작성해 보라.

<설명형 문제>

<논술형 문제>

2. 다음의 주제 중 하나를 선택하여 답안지를 작성해 보라.

1) 고령화 사회의 문제점과 해결 방안
2) 한류의 방향과 나아갈 길
3) 지구 온난화의 문제점과 해결 방안

3. 다음 문제를 보고 답안을 작성해 보라.

트럼프 대통령의 취임 후 미국 정부가 보호 무역주의로 전환하면서 '보호 무역'에 대한 관심이 높아지고 있습니다. '보호 무역'에 대해 간단히 설명한 후 이에 대한 자신의 견해를 기술하십시오.

08 컴퓨터 글쓰기

디지털 기술의 발전은 웹 페이지, 블로그, 전자우편(이메일), 페이스북이나 트위터 같은 SNS(Social Network Services)상의 글쓰기 등 다양한 전자적 글쓰기를 확대시켜 왔다. 전자적 글쓰기(Electronic Writing)란 일반적으로 컴퓨터 기기를 활용하여 정보를 전달하고, 대인 간의 의사소통뿐 아니라 문학, 예술, 오락 등의 목적에서 수행하는 모든 글쓰기와 그 결과물을 가리킨다. 따라서 '컴퓨터 글쓰기'란 컴퓨터를 활용한 글쓰기라는 측면에서 일종의 전자적 글쓰기(Electronic Writing)이다. 그러나 이 책에서의 '컴퓨터 글쓰기'란 그러한 넓은 의미의 전자적 글쓰기를 말하는 것이 아니고, 컴퓨터 기기를 활용하여 작성한 글쓰기 결과물만을 지칭한다.

8.1. 컴퓨터 글쓰기의 원리와 방법

컴퓨터, 테블릿 PC, 스마트폰 등 다양한 디지털 기술의 발달로 이제는 책과 논문, 각종 문서뿐 아니라, 심지어 편지나 메모와 같은 개인적인 글조차도 컴퓨터에 의해 작성되고 있다. 대학생들이 과제로 작성하는 리포트나 보고서도 마찬가지다. 따라서 컴퓨터를 이용하여 글을 쓰는 방법을 올바로 익힐 필요가 있다. 이 절에서는 컴퓨터로 작성하는 글쓰기의 원리와 방법에 대해서 살펴보기로 한다. 컴퓨터로 글을 쓴다는 것은 컴퓨터에 들어 있는 워드 프로세서(Word processor) 프로그램을 이용하여 글을 쓴다는 뜻인데, 여기에서는 현재 가장 널리 쓰이고 있는 '호글' 프로그램을 바탕으로 그 원리와 방법에 대해 간략히 설명하기로 한다.

컴퓨터 글쓰기 역시 기본적으로는 원고지 사용법과 다르지 않다. 원고지나 일반 용지에 직접 글을 쓰거나 컴퓨터로 글을 쓰거나 글의 형식과 체계를 따르는 것은 모두 동일하기 때문이다. 즉 리포트의 표지 및 목차, 그리고 서론·본론·결론 등의 일정한 형식을 갖추어 쓴 본문과 참고 문헌 등의 제시에 있어서는 동일하다. 다만 호글 프로그램에서 제공하는 다양한 편집 프로그램 등을 통해 많은 양의 문서를 빠르고 편리하게 작성할 수 있는 장점이 있지만, 그러한 기능에 익숙하지 않을 때에는 의도치 않게 체계적이지 못하거나 읽기에 어려운 문서가 작성될 수도 있다. 때문에 아래에서는 컴퓨터로 문서를 작성할 때 알아두어야 할 기본적인 사항을 살펴보기로 한다.

1) 칸의 개념

컴퓨터 화면에도 원고지와 마찬가지로 칸이 있다. 그러나 원고지에서는 한글이나 한자 등의 글자 하나가 한 칸을 차지하지만 컴퓨터에서는 이들이 두 칸을 차지한다. 곧 원고지의 한 칸은 컴퓨터의 두 칸에 해당된다. 컴퓨터 용어로는 두 칸을 차지하는 문자를 '전각글자'라고 하고, 한 칸을 차지하는 문자를 '반각글자'라고 하는데, 한글이나 한자를 제외한 영문자나 숫자, 각종 기호와 띄어쓰기 여백은 대부분 반각글자에 속한다.

한국어에서는 단어와 단어 사이는 여백 글쇠(space key)를 눌러서 띄어쓰기를 해야 한다. 그런데 간혹 띄어쓰기에 익숙하지 않은 유학생 중에는 온점 ' . '이나 반점 ' , ' 물음표 ' ? ' 등의 문장 부호 다음에 띄어쓰기를 하지 않는 경우가 있는데 이러한 문장 부호 다음에도 다음과 같이 반드시 띄어쓰기가 이루어져야 한다.

사람들은 왜 '감성'이라는 것에 열광하는 것일까? 많은 사람들이 자신의 색과 멋을 표현하는 개성을 찾고 싶어 한다. 감성이라는 것은 그 사람의 색깔과 멋, 즉 그 사람만의 개성을 나타낸다고 볼 수 있다.

2) 글자의 모양과 크기

컴퓨터로 글을 쓰면 다양한 모양과 크기의 글자를 일관되게 적용하여 쓸 수가 있다. 학술 단체에서 발행하는 논문 등의 경우에는 단체에 따라 글자의 크기나 글꼴 등이 따로 정해져 있어서 반드시 그에 따라야만 한다. 그러나 그러한 경우를 제외한 일반적인 컴퓨터 글쓰기에서는 특정한 규칙이 있는 것이 아니므로 저자에 따라서 자유롭게 작성할 수 있다.

그렇지만 대학생들이 작성하는 리포트를 포함하여 일반적인 문서 작성 시 많은 사람들이 대개 본문의 글자 크기는 10포인트, 글꼴은 '바탕'이나 '신명조'체를 사용하고 장평은 100%, 자간은 0%로 지정하여 사용한다. 그리고 제목의 글자 크기는 본문 글자보다 한두 포인트 정도 크게 하며, 인용문이나 각주는 한 포인트 정도 작게 하는 것이 보통이다. 또한 제목은 고딕체나 궁서체 등 눈에 잘 띄는 글꼴을 사용하는 경우가 많다. 아래에서 일례를 제시하기로 한다.

3. '-코' 계 부사의 특징

3.1. '-코' 계 부사 어근의 형태적 특징

『우리말 큰사전』에서는 '-코'가 '…하다' 꼴 어근에 붙어 부사를 형성하는 것으로 설명하고 있다. 그리고 허 웅(1995)에서는 '결단코, 맹세코, 무심코'는 임자씨에, '기필코, 정녕코, 한사코'는 특수뿌리에 '-코'가 결합한 것으로 보았는데 이러한 설명의 타당성 여부 등을 구체적으로 살펴볼 필요가 있다.

이와 같은 문서 작성은 아래 그림에서 볼 수 있는 바와 같이, 한글 2018 화면 구성 요소 중의 기본 도구 상자나 메뉴 표시줄에 있는 '편집' 안의 '글자 모양' 등을 클릭하여 지정할 수 있다.

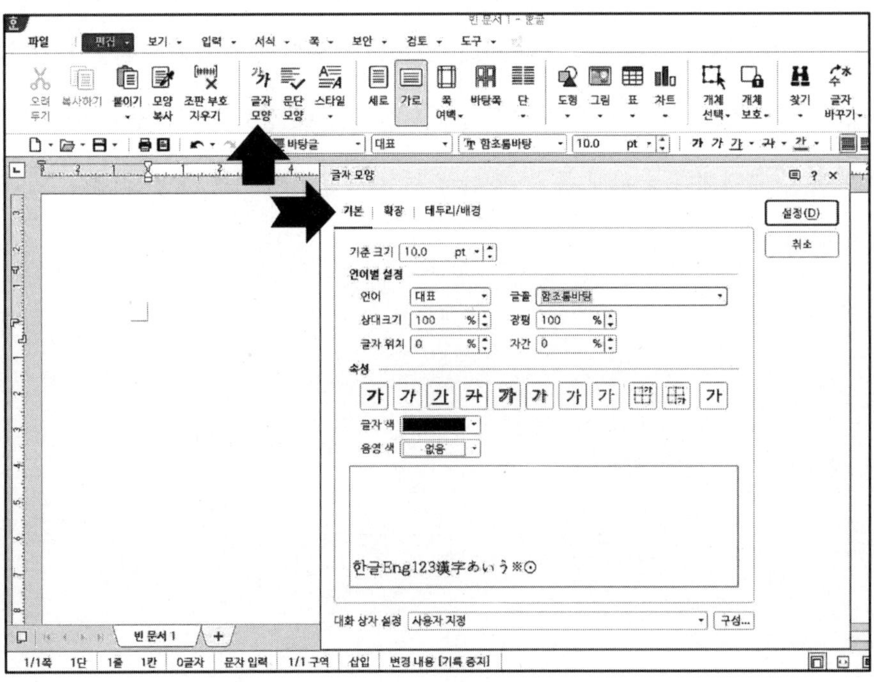

3) 문단의 모양

'문단'이란 하나의 글을 내용이나 형식을 중심으로 크게 끊어 나눈 단위이다. 따라서 원고지나 일반 용지에 글을 쓸 때도 그렇지만, 컴퓨터로 글쓰기를 할 때에도 문단의 구분에 유의해야 한다. 문단의 모양을 제대로 갖추지 못하면 보기에 체계적이지 못할 뿐 아니라 글을 읽을 때에도 그 내용이 잘 들어오지 않기 때문이다. 3.2절의 문단 구성의 원리에서 살펴보았듯이, 문단은 기본적으로는 내용에 따라서 구분된다. 그러나 여기에서는 형식적인 부분을 중심으로 설명하기로 한다.

보통 글을 쓸 때 문단을 나누어 쓰는 목적은 하나의 생각을 효과적이고 명확하게 전달하는 데 있다. 즉 하나의 문단에는 하나의 중심 생각을 담은 작은 주제가 있고, 이를 표현한 소주제문과 그것을 보충하는 여러 개의 문장들이 있다. 그리고 이것을 시각적으로 보이기 위해 문단을 시작할 때에는 들여쓰기를 하고, 그 문단이 끝나고 새로운 문단을 시작할 때에는 줄을 바꾸어 쓴다. 따라서 형식적으로 문단이 바뀌면 새로운 중심 생각이 전개되는 것을 의미하므로 줄을 함부로 바꾸어서는 안 된다. 그런데 짧은 글의 경우 간혹 글 전체를 하나의 문단으로 작성하거나 혹은 아래와 같이 문장이 끝날 때마다 줄을 바꾸는 등 문단 구분이 미흡한 글이 있다.

> 한 문단에는 보통 하나의 중심 생각이 있는데 이를 소주제라 한다.
> 문단 내에서 소주제를 담고 있는 문장을 주제 문장이라 하고, 주제 문장의
> 내용을 자세히 설명해 주어 이해를 돕는 문장을 뒷받침 문장이라고 한다.
> 문단은 보통 주제 문장 하나와 여러 개의 뒷받침 문장으로 구성되어 있다.
> 주제 문장은 문단의 앞부분에 나올 수도 있고 뒷부분에 올 수도 있다.
> 일반적으로 주제 문장이 앞에 나오는 것이 문단의 내용을 파악하는 데 더
> 도움이 된다.

위와 같은 글은 문단의 형식을 어긴 글로 그 내용이 좋다 하더라도 독자가 읽을 때에는

불필요한 곳에서 끊김이 있거나 앞의 내용과 다른 새로운 내용이 이어져 있기도 하여 사실상 저자의 생각을 파악하기가 쉽지 않을 수 있다. 따라서 내용상으로 분리되는 문단을 고려하여 그 시작과 끝에 여백을 줌으로써 시각적으로도 그것을 구분하여 주어야 한다.

그런데 문단을 시작하면서 들여쓰기를 할 때 주의할 점은 두 칸을 들여 써야 한다는 것이다. 일부 학생들은 들여쓰기를 하지 않는 경우가 있는데 이는 문단의 형식에 어긋난다. 그리고 일부는 한 칸만 들여쓰기를 하는 경우가 있는데 그러면 여백이 적어 문단의 시작이 시각적으로 명료해 보이지 않는다. 또한 일부는 다섯 칸 이상 들여쓰기를 하는 경우도 있는데 이것은 일반적인 방법은 아니다.

또한 문단을 쓸 때 처음 들여쓰기를 하는 부분 이외에는 문단의 좌우가 가지런히 정렬되어 있어야 한다. 필요에 따라 '왼쪽 정렬'이나 '가운데 정렬' 등 다양한 정렬 방식을 이용할 수는 있으나 본문의 내용에 해당되는 문단은 '양쪽 정렬'을 하는 것이 바람직하다. 이는 아래와 같이 바로 앞에 기술한 내용을 몇 가지 다른 방식으로 정렬했을 때의 문단의 모양과 비교해 보면 쉽게 이해가 된다.

▶ 왼쪽 정렬 방식의 예

또한 문단을 쓸 때 처음 들여쓰기를 하는 부분 이외에는 문단의 좌 우가 가지런히 정렬되어 있어야 한다. 필요에 따라 '왼쪽 정렬'이나 '가운데 정렬' 등 다양한 정렬 방식을 이용할 수는 있으나 본문의 내 용에 해당되는 문단은 양쪽 정렬을 하는 것이 바람직하다.

▶ 오른쪽 정렬 방식의 예

또한 문단을 쓸 때 처음 들여쓰기를 하는 부분 이외에는 문단의 좌우가 가지런히 정렬되어 있어야 한다. 필요에 따라 '왼쪽 정렬'이나 '가운데 정렬' 등 다양한 정렬 방식을 이용할 수는 있으나 본문의 내용에 해당되는 문단은 양쪽 정렬을 하는 것이 바람직하다.

▶ 가운데 정렬 방식의 예

또한 문단을 쓸 때 처음 들여쓰기를 하는 부분 이외에는 문단의
좌우가 가지런히 정렬되어 있어야 한다. 필요에 따라 '왼쪽 정렬'이나
'가운데 정렬' 등 다양한 정렬 방식을 이용할 수는 있으나 본문의
내용에 해당되는 문단은 양쪽 정렬을 하는 것이 바람직하다.

들여쓰기와 문단 정렬은 문단 모양에서 일괄 조정하여 쓰면 편리하다. 이는 아래 그림에서 볼 수 있는 바와 같이, 한글 2018 화면 구성 요소 중의 기본 도구 상자나 메뉴 표시줄에 있는 '편집' 안의 '문단 모양' 등을 클릭하여 지정할 수 있다.

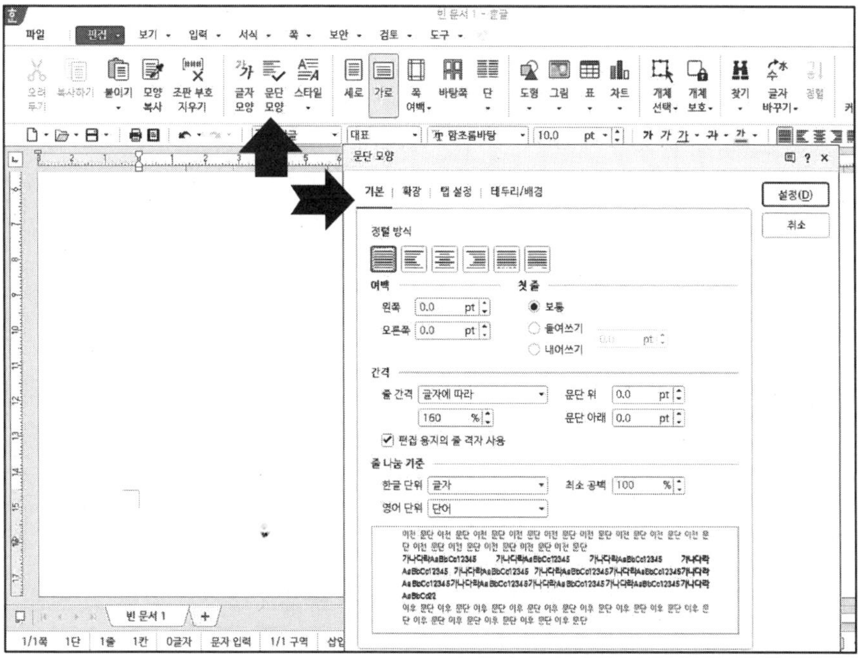

문단 모양에서는 그 외 줄 간격이나 여백 등의 속성을 지정할 수 있다. 자주 사용하는 글자 모양이나 문단 모양을 미리 정해 놓고 사용하는 것을 '스타일'이라고 하는데 이것을

만들어 놓으면 필요할 때 본문과 제목 등의 글자와 문단 모양을 한꺼번에 바꿀 수 있어 유용하다.

4) 기타 사진 자료 등의 활용

컴퓨터 글쓰기에서는 문자 텍스트뿐 아니라 필요에 따라 다양한 그림이나 사진, 도표 및 통계 자료 등을 삽입할 수 있다. 이에 대해서는 그 기능적인 부분을 일일이 언급하기 어렵고, 다만 대학생들이 리포트를 작성할 때에 유의할 점을 몇 가지 제시하기로 한다.

① 모든 도표나, 그림, 사진에는 번호와 함께 그 제목을 붙여야 한다.
② 삽입한 도표나, 그림, 사진 자료를 다른 자료에서 가져온 경우에는 그 출처를 분명히 밝혀야 한다.
③ 도표나 그림, 사진 자료에 대한 설명을 덧붙여야 한다.

8.2. 컴퓨터 글쓰기의 실제

1) 표지 작성의 실제

컴퓨터를 활용한 글쓰기에서도 글의 목적에 따라 적절한 제목과 저자에 대한 정보 등을 담은 표지를 작성해야 한다. 이때 많은 학생들이 자신의 소속과 학번, 성명은 제시하지만 간혹 수강 과목이나 제출일자를 기재하지 않는 경우가 있다. 그러나 리포트와 같은 과제물은 평가의 대상이 되므로 공식적인 문서와 같이 다루어야 한다. 따라서 반드시 제출일자와 과목명을 기입해야 한다. 그리고 간혹 제출 기한 이후에 제출하는 과제에 대해서도 제출일자를 과제 제출 마감일자로 기입하는 학생들이 있는데, 제출일자와 과제 제출 마감일자는 별개의 것으로 반드시 동일할 필요는 없다. 제출 기한 이전에 내든 그 이후에 내든 과제 제출 마감일자와 상관없이 본인이 제출하는 날짜를 정확히 기입하면 된다. 하나의 예를 제시하면 다음과 같다.

<table><tr><td>

한국어 평가론 요약

과　　목: ○○○○○○
담당교수: ○○○
학　　과: ○○○○○○
학　　번: ○○○○○○○○○○
성　　명: ○○○
제 출 일: ○○○○년 ○○월 ○○일

</td></tr></table>

2) 목차 작성의 실제

컴퓨터 글쓰기의 목적이나 종류에 따라서 목차 제시가 필요한 경우도 있고 그렇지 않은 경우도 있다. 예를 들어서 자기소개서를 작성한다거나 독후감과 같은 개인적이고 주관적인 글쓰기의 경우에는 목차를 제시할 필요가 없다. 그러나 일반적으로 대학생이 작성하는 리포트나, 보고서 등의 객관적이고 체계적인 글쓰기의 경우는 다음과 같이 목차를 제시하는 것이 좋다.

〈목 차〉

여기에서는 목차의 내용과 형식에 대한 구체적인 설명은 생략하기로 한다. 다만 목차는 글의 뼈대와 같아서 위와 같이 일정한 형식을 갖춘 목차를 제시하면 본문의 내용을 읽기 전에 미리 그 내용을 쉽게 파악할 수 있어 좋다는 점을 언급해 두기로 한다.

3) 본문 작성의 실제

본문에서는 아래 제시된 예와 같이 제목과 내용을 구분하여 기술하여야 한다. 앞 절에서 살펴본 바와 같이 제목과 본문 내용의 글자 모양과 크기를 다르게 하는 것이 문서의 체계를 더욱 짜임새 있게 해 준다.

1. 들어가는 말

국제 사회에서 한국어에 대한 관심이 나날이 늘어가고 있다. 이런 상황에 맞추어 한국어를 배우고 싶어 하는 외국인을 위한 한국어 교육 프로그램이 활성화 되고 발전해 가고 있다. 어떻게 하면 외국인들에게 한국어를 잘 가르칠 수 있을 것인가 하는 문제가 계속 논의되고 있고 많은 연구자들이 이를 위해 노력하고 있다. (중략)......

한국어 평가에 대해 깊이 있게 알아보기 위하여 여러 한국어 평가론에 관한 참고문헌을 조사하여 이를 요약, 정리해 보고자 한다. 우선 평가의 기본 개념과 기능을 살펴보고, 언어 평가의 개념과 목적, 유형에 대해 고찰하고자 한다. 그리고 평가를 할 때 고려해야 할 중요 요건과 그 효과를 살핀 후, 마지막으로 평가의 절차 및 단계를 살펴보고자 한다.

2. 평가란 무엇인가?

2.1. 평가의 개념

평가란 주어진 영역 안에서 개인이 가지고 있는 능력이나 지식, 수행 등을 측정하여, 어떤 대상에 대하여 가치 판단을 내리는 것을 말한다. 즉, 교육에서 이루어진 활동과 교육 대상에 대하여 어느 정도의 성과가 있었는지 그 정도를 가치 판단하는 행위이다.[1)]

---

1) 박갑수(2005),『국어교육과 한국어교육의 성찰』, 서울대학교출판부, 459-460쪽.

- 1 -

위의 예시 글은 앞서 제시한 목차에 맞게 작성된 본문의 일부이다. 예시 글에서 본문의 각 제목과 본문 내용의 글자 크기 및 글꼴이 다름을 확인할 수 있다. 또한 위의 예시 글에서는 본문에 "1)"과 같은 번호와 함께 본문 아래에 "1) 박갑수(2005),『국어교육과 한국어교육의 성찰』~"과 같은 내용이 제시되어 있다. 이것을 '각주'라고 하는데, 이것은 본문 안에 자신이 참조한 참고 문헌의 글을 인용할 때 그 출처 등을 밝히는 방법이다. 이와 같이 본문 안에 다른 사람의 글을 인용할 때는 반드시 각주 등을 이용하여 그 출처를 밝혀야 표절을 피할 수가 있다.

한편 위의 예시 글은 다음과 같이 제목의 배열이나 줄 간격 등을 달리하여 작성할 수도 있다.

> **1. 들어가는 말**
>
> 국제 사회에서 한국어에 대한 관심이 나날이 늘어가고 있다. 이런 상황에 맞추어 한국어를 배우고 싶어 하는 외국인을 위한 한국어 교육 프로그램이 활성화 되고 발전해 가고 있다. (중략)...... 고자 한다. 그리고 평가를 할 때 고려해야 할 중요 요건과 그 효과를 살핀 후, 마지막으로 평가의 절차 및 단계를 살펴보고자 한다.
>
> **2. 평가란 무엇인가?**
>
> **2.1. 평가의 개념**
>
> 평가란 주어진 영역 안에서 개인이 가지고 있는 능력이나 지식, 수행 등을 측정하여, 어떤 대상에 대하여 가치 판단을 내리는 것을 말한다. 즉, 교육에서 이루어진 활동과 교육 대상에 대하여 어느 정도의 성과가 있었는지 그 정도를 가치 판단하는 행위이다.[1)]
>
> 1) 박갑수, 『국어교육과 한국어교육의 성찰』, 서울대학교출판부, 2005, 459-460쪽.
>
> - 1 -

위의 예시 글은 앞의 글과 달리 제목을 가운데가 아닌 왼쪽에 달고 작은 제목을 제시할 때는 들여쓰기를 하고 있다. 그리고 제목 간의 줄 간격도 앞의 글과 다르다. 어느 방법을 사용하든 위와 같이 글의 형식에 맞추어 전체 본문에 체계적으로 통일되게 적용하는 것이 중요하다.

그리고 위의 두 예시 글과 같이 본문에는 쪽 번호를 매겨야 한다. 쪽 번호를 매기는 것은 독자가 글을 편리하게 읽을 수 있게 할 뿐 아니라, 저자가 앞의 글을 언급할 때도 유용하다. 그런데 간혹 본문의 쪽 번호가 목차에서 제시한 쪽 번호와 맞지 않는 경우가 있으니 주의해야 한다. 그리고 목차에서 제시한 제목과 본문의 제목이 일치하는지도 살펴보아야 한다.

4) 참고 문헌 작성의 실제

목차와 마찬가지로 컴퓨터 글쓰기의 목적과 특성에 따라 참고 문헌의 제시가 필요하지 않은 경우가 있다. 다만 참고 문헌의 제시가 필요한 경우 아래와 같이 제시하는 것이 좋다.

〈참고 문헌〉

강승혜 외(2006), 『한국어평가론』, 태학사.
박갑수(2005), 『국어교육과 한국어교육의 성찰』, 서울대학교출판부.
서울대학교(2012), 『한국어교육의 이론과 실제2』, 아카넷.
우형식(2006), 『외국어로서의 한국어 교육론』, 부산외국어대학교출판부.
조항록(2010), 『한국어 교육 현장의 주요 쟁점 – 교재, 평가, 문화교육』, 한국문화사, 22-45쪽.
한국방송통신대학교 평생교육원(2005), 『외국어로서의 한국어교육학』, 한국방송통신대학교 출판부.
한재영 외(2005), 『한국어교수법』, 태학사.
허용 외(2005), 『외국어로서의 한국어교육학 개론』, 도서출판 박이정.

위와 같이 참고 문헌은 자신이 참조한 문헌을 가나다순으로 배열하고, 저자의 성명과 출판연도, 저서명이나 논문 제목, 출판사 등을 밝혀 준다. 그리고 논문의 경우는 그 시작 페이지와 끝 페이지를 밝혀 주는 것이 일반적이다. 다만 출판연도를 위와 같이 저자명 다음에 제시하거나 혹은 맨 뒤에 제시하기도 하는 등 그 순서와 형식에는 다소 자유로운 부분이 있다. 그러나 역시 어떤 방식으로든 서지 사항에 대한 정보를 다 갖추어야 하며 그 형식과 방법이 항상 통일되어야 함에 유의해야 한다.

연습하기

1. 다음 글을 컴퓨터 글쓰기 방법에 맞게 편집하여 보기 좋은 문서로 작성해 보자.

한국과 일본은 목욕탕 문화가 많이 발달해 왔지만 두 나라가 목욕탕을 가는
이유는 약간 다릅니다. 한국인에게 목욕탕을 생각하면 무엇이 가장 먼저
떠오르는가? 하고 질문을 한다면 단연, 때밀이라고 할 수 있습니다.
욕탕에 들어가는 것은 때밀이를 위한 때 불리기 과정이라고도 말할 수 있는
반면 일본인이 목욕탕에 가는 이유는 욕탕에 들어가 몸을 담그며 몸을 데우고
피로를 풀기 위함이라고 합니다.
한국 목욕탕은 기본적으로 비누와 치약이 비치되어 있고 수건이 제공됩니다.
그리고 목욕 용품을 개인 목욕 바구니에 담아 샤워기 앞에 두는데 그것으로
자기 자리라는 표시를 하며 자리를 맡습니다. 일본 목욕탕은 수건이나 비누
등이 제공되지 않기 때문에 카운터에서 구매를 하거나 챙겨 와야 합니다.
목욕 바구니로 자기 자리를 맡는 문화는 없으며 자기가 사용한 자리를 깨끗이 청소하고 바
가지와 간의 의자를 잘 정돈해 놓습니다.

2. 다음 <참고 문헌>의 문제점을 찾아 바르게 작성해 보자.

이희승. 1950.『국어학 개설』. 민중서관.
고영근. 1989.『국어 형태론 연구』. 서울대학교 출판부.
남광우. 1997.『교학 고어사전』. 교학사.
홍 윤표 외. 1995.『17세기 국어사전』. 태학사.
선문대학교 중한번역문헌연구소.『필사본 고어대사전』. 학고방, 2010.
민현식.『한글본 이언 연구』. 서울대학교 출판부. 2008.
배 영환. 2010.「'-코'말음 부사에 대하여」,국어문학 48집, 국어문학회. 63~87쪽.
사회과학출판사 편집부(1992),〈조선말 대사전〉. 사회과학출판사.
이 현희. 2006.「후기 근대국어의 파생법」, 후기 근대국어 형태의 연구, 역락. 159~235쪽.
한글학회. 1997.〈우리말 큰사전〉. 어문각.
한 길(2006),『현대 우리말의 형태론』. 역락.

09 발표문 쓰기

발표는 다수의 청중 앞에서 전달하고자 하는 정보를 말로 표현하는 의사소통 행위이다. 대학에서 이루어지는 발표는 흔히 프레젠테이션(presentation)이라 불리는데 대학생들은 과제 발표를 이렇게 지칭한다. 발표를 할 때에는 보고서나 논문과 함께 다른 시각 자료를 준비하여야 하며 그에 맞는 발표문도 작성해야 한다.

발표에 필요한 자료는 보통 피피티나 프레지 등을 이용하여 작성하는데 이번 장에서는 PPT(Power Point Text)를 중심으로 살펴본다.

9.1. 발표 자료 작성 방법

1) 표지와 목차를 작성한다

① 표지에는 발표의 제목과 발표자의 학과, 학번, 이름을 쓴다.

② 발표의 진행 순서를 목차로 나타내어 청중이 발표의 전체를 이해할 수 있도록 한다.

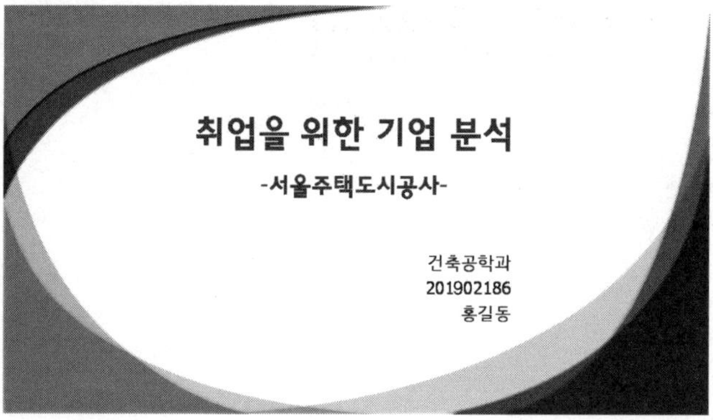

표지

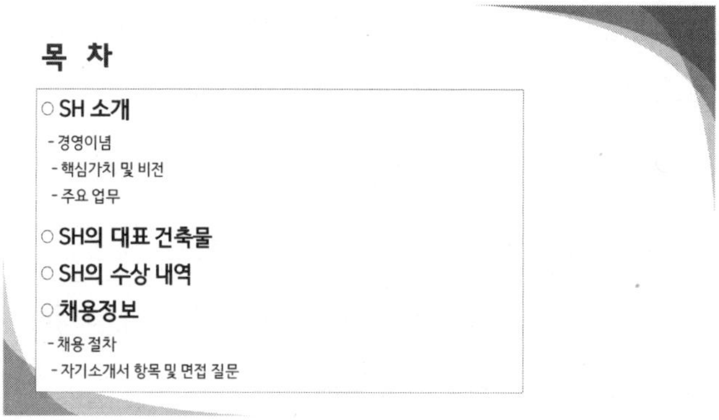

목차

2) 한눈에 들어오도록 슬라이드를 만든다

① 제목이나 주요 내용, 예문 등은 글자 크기나 색상을 달리하여 구별될 수 있도록 한다.

② 제목은 주로 명사형을 사용한다.

③ 한 화면에는 하나의 내용만 담는 것이 좋다.

④ 한 화면에 담는 내용은 7줄을 넘지 않게 쓴다.

⑤ 내용의 글씨 크기는 최소 18포인트 이상으로 한다.

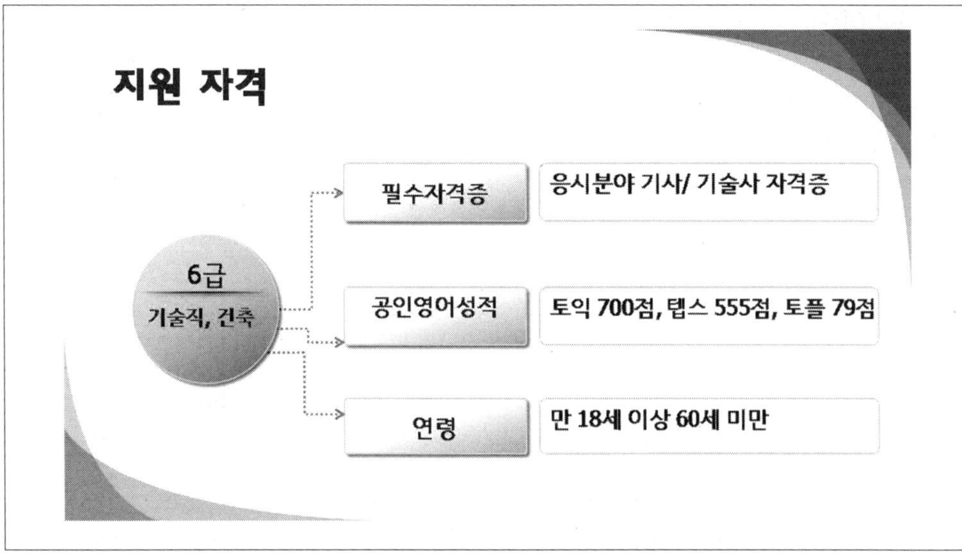

PPT 작성에 필요한 다음 어휘를 확인해 보자.

<유용한 표현>

- 삽입
  - 표, 그림, 도형, 차트
- 디자인
- 전환
- 애니메이션
- 슬라이드 쇼
  - 처음부터, 현재 슬라이드부터
- 검토
  - 맞춤법 검사
- 보기

3) 슬라이드에는 요점만 제시한다

① 내용을 줄글로 나열하기보다는 중요한 단어를 중심으로 요약하여 나타낸다.

② 화면에는 요점만 제시하고 나머지 내용은 발표문에 넣는다.

③ 슬라이드와 발표문의 내용을 구분한다.

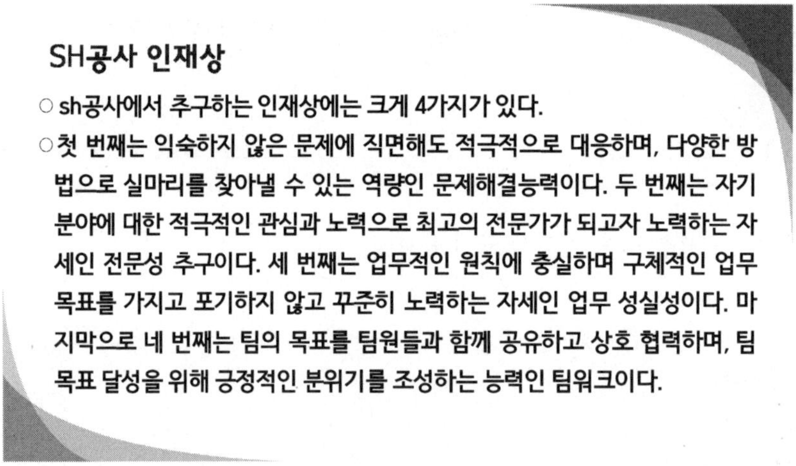

<수정 전>

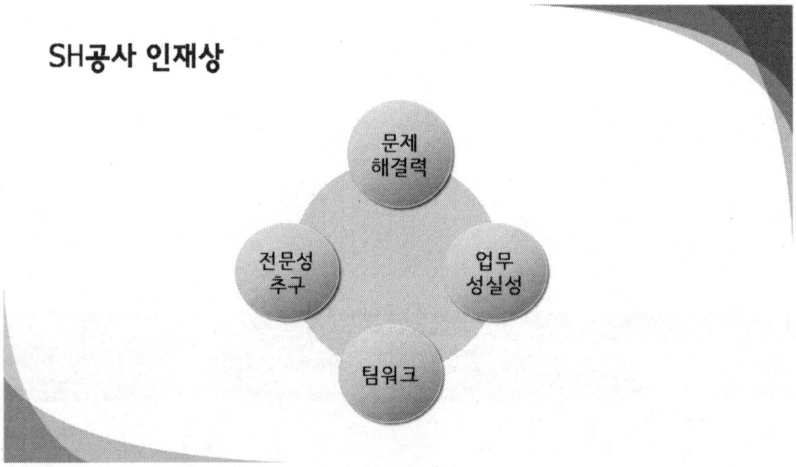

<수정 후>

써 보기

아래에 제시된 글을 읽고 내용을 요약하여 슬라이드에 나타내어 보라.

비정규직의 유형

1. 기간제근로자

근로기간이 정해져 있는 근로계약을 체결한 근로자를 말한다(〈기간제 및 단시간근로자 보호 등에 관한 법률〉 제2조제1호). 계약직, 임시직, 촉탁직 등 근로의 명칭과 관계없이 근로계약 기간이 정해져 있는 경우에는 모두 기간제근로자에 해당한다.

2. 단시간근로자

1주일 동안의 소정근로시간이 그 사업장에서 같은 종류의 업무에 종사하는 통상 근로자의 1주일 동안의 소정근로시간에 비해 짧은 근로자를 말한다(동법 제2조제2호 및 〈근로기준법〉 제2조제1항제8호). 시간제근로자, 아르바이트, 파트타이머 등 근로의 명칭과 관계없이 통상 근로자의 1주일 동안의 소정근로시간에 비해 근로시간이 짧은 경우에는 모두 단시간근로자에 해당한다.

3. 파견근로자

파견사업주가 고용한 근로자로서 근로자파견의 대상이 되는 자를 말한다(〈파견근로자 보호 등에 관한 법률〉 제2조제5호).

4. 그 밖의 비정규직 근로자

기간제근로자, 단시간근로자, 파견근로자 등은 〈기간제 및 단시간근로자 보호 등에 관한 법률〉 및 〈파견근로자보호 등에 관한 법률〉의 보호를 받게 된다.

(출처: Daum 백과사전)

4) 그래프, 동영상, 사진 등을 삽입한다

① 내용 설명만 계속한다면 듣는 사람들은 지루해할 수 있으므로 그래프, 동영상, 사진

등을 넣는다.

② PPT에서 그래프 및 동영상, 사진을 넣는 방법을 익힌다.

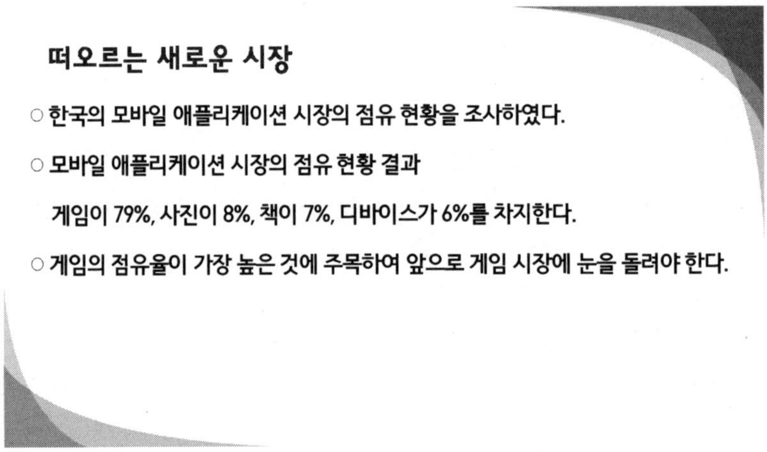

<수정 전>

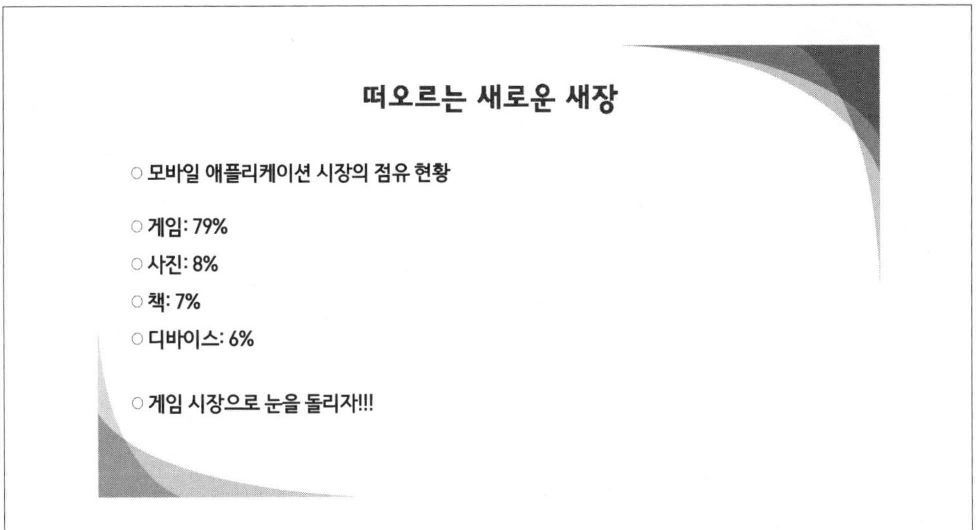

<수정 후 1>

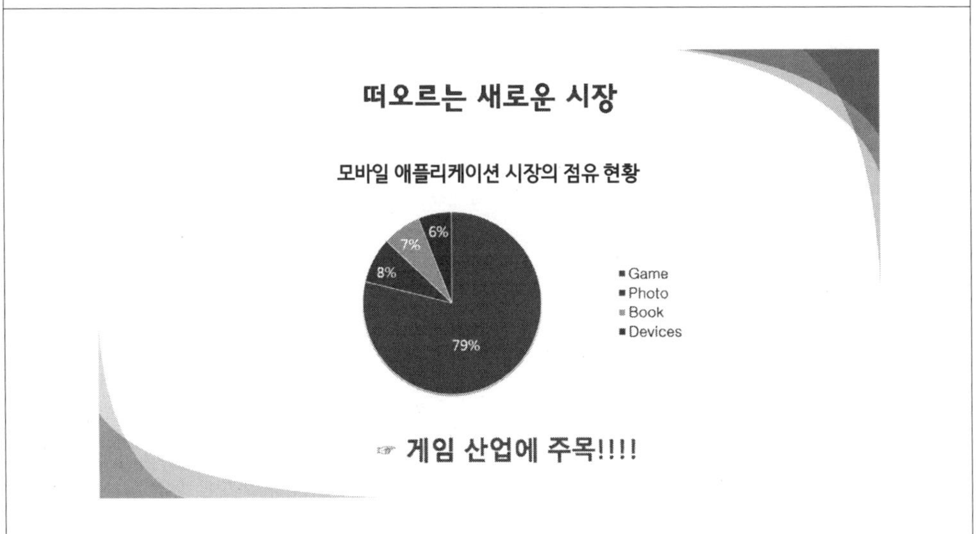

<수정 후 2>

〈수정 전〉의 자료를 〈수정 후 1〉과 같이 만들 수도 있으나 〈수정 후 2〉와 같이 그래프를 넣으면 청중의 흥미와 집중도를 높일 수 있다. 또한 정보를 쉽게 전달할 수 있다.

써 보기

다음 내용을 각각 PPT에서 그래프로 작성해 보라.

1) 연도별 한국인의 여가 활동의 변화를 조사하였다. 그 결과 2012년에는 게임이 15%, 여행이 30%, 독서가 25%, 기타가 30%로 나타났다. 2015년에는 게임이 24%, 여행이 25%, 독서가 18%, 기타가 33%, 2019년에는 게임이 38%, 여행이 30%, 독서가 15%, 기타가 17%로 나타났다.

2) 2018년 6월 기준 정규직과 비정규직의 시간당 임금총액은 각각 1만8835원, 1만3053원으로 전년도에 비해 각각 3.4%, 8.1% 늘었다. 비정규직 임금은 정규직 임금의 69.3% 수준으로 전년도에 비해 3% 포인트 격차가 줄어든 것이다. 근로시간의 경우, 정규직은 월평균 183시간, 비정규직은 125시간으로 각각 전년 대비 1.6시간, 4.2시간 줄었다.

연습하기

1. 다음 자료를 가지고 PPT를 만들 때 아래 사항에 유의하여 계획해 보라.

자료
총인구에서 65세 이상의 인구가 차지하는 비율이 7% 이상인 사회를 고령화 사회라고 한다. 급격한 출산율 저하와 의학 기술 및 생활 수준의 향상으로 인해 평균 수명이 연장되면서 고령화 사회가 등장하였다. 고령화 사회는 총인구에 대한 65세 이상 인구의 비율에 따라 고령화 사회(7%), 고령 사회(14%), 초고령 사회(20%)로 구분한다. 고령화 사회는 저출산의 확대로 생산 가능 인구는 감소하는 데 반해 노년 인구는 증가하여 연금, 의료비 등 노년 인구 부양에 대한 사회적 부담이 증가한다. 또한 노동력 부족으로 인해 경제 성장이 둔화되며, 노인 소외, 빈곤, 질병 등의 노인 문제도 나타난다. 고령화 사회에 대한 대책으로는 출산 장려 정책 실시, 정년 연장과 재취업 지원 등 노인 일자리 창출, 노인 복지 시설 확충과 실버 산업 육성 등이 있다. 또한 외국인 노동자 유입 등을 통해 노동력 부족 문제에도 대비해야 한다. (출처: Daum 백과사전)

1) 슬라이드를 몇 개로 할 것인가?
2) 각각의 슬라이드의 내용은 어떻게 정리할 것인가?
3) 그래프나 동영상, 사진을 사용할 것인가? 사용한다면 어떤 것을 사용할 것인가?

2. 다음의 PPT 자료를 그래프로 바꿔 수정해 보라.

<수정 전>

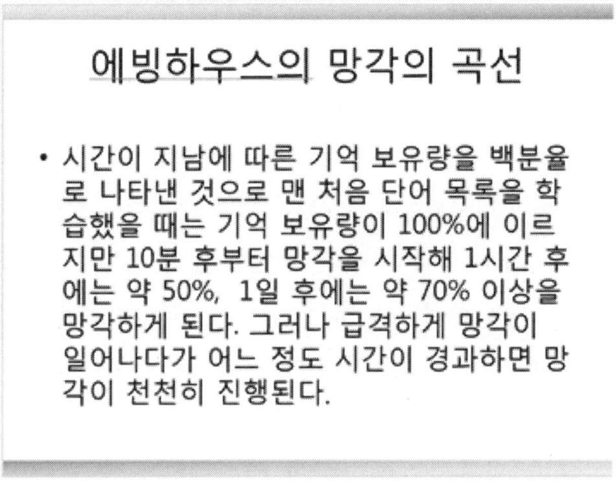

<수정 후>

9.2. 발표문 작성의 실제

발표문은 발표 들어가기, 본론, 마무리로 구성한다. 발표 들어가기는 표지와 목차로 구성되며 본론은 목차에서 밝힌 내용을 전개하는 부분이다. 마지막으로 마무리에서는 본론의 중요한 부분을 강조하거나 본론의 내용을 짧게 요약한다. 다음은 구성에 따른 작성 요령이다.

1) 발표 들어가기

① 표지: 발표 슬라이드의 표지에는 제목, 발표자 정보가 들어가기 때문에 발표문에는 자기소개, 주제 소개, 주제 선정 이유 등에 대해 쓰는 것이 좋다. 이때 발표문에는 격식체 '-습니다'를 사용한다.

② 목차: 목차는 발표 내용의 순서에 따라 제작하기 때문에 발표문에서는 '먼저, 우선'이나 '첫째, 둘째' 등의 순서를 나타내는 표현을 사용한다.

<유용한 표현>

- 안녕하십니까? 000 발표를 맡은 000입니다.
- 지금부터 00라는 주제로 발표를 하겠습니다.
  00에 대해 살펴보도록 하겠습니다.
- 오늘 발표에서는 먼저 ~, 아울러 ~, 다음으로 ~, 그 다음 ~
- 그럼, 발표를 시작하겠습니다.

슬라이드	발표문
 	안녕하십니까? SH 서울주택도시공사에 대한 발표를 맡은 건축공학과 19학번 홍길동이라고 합니다. 여러분은 어떤 기업에 취업을 준비하고 계십니까? 저는 오늘 우리 과 학생들이면 누구나 한 번쯤 생각하는 곳, 서울도시주택공사에 대해서 설명해 드리려고 합니다.

2) 본론

① 주제에 대한 내용을 설명할 때에는 정보를 단순하게 나열하거나 화제를 전환하여 설명할 수 있다. 정보를 나열할 때 주로 사용하는 표현은 다음과 같다.

<유용한 표현>

- 00은/는 크게 00 가지로 나누어 볼 수 있습니다.
- 먼저/첫째, 둘째, 셋째

② 발표 내용 중 주목할 만한 내용은 강조하여 표현해야 한다.

<유용한 표현>

- 그런데 주목할 만한 점은
- 그런데 한 가지 특이한 점은
- 여기에서 중요한 점은/중점적으로 살펴볼 점은

③ 내용이 바뀌는 부분, 즉 화제를 전환할 때에는 다음과 같은 표현을 사용한다.

<유용한 표현>

- 지금까지 OO에 대해 알아보았습니다/살펴보았습니다. 다음은 ~
- 이번에는 OO에 대해 살펴보도록 하겠습니다.

<table>
<tr><th>슬라이드</th><th>발표문</th></tr>
<tr><td>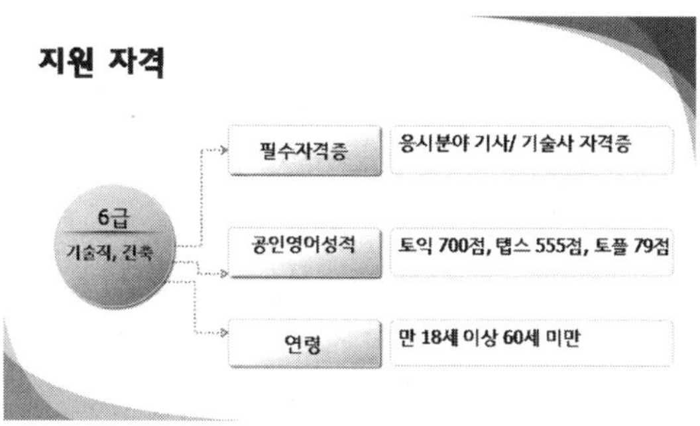
</td><td>이번에는 SH 지원 자격에 대해 살펴보도록 하겠습니다. 우리 과 학생들이 가장 가고 싶은 분야인 건축 기술직 6급에 지원할 경우 첫째, 건축기사 자격증이 필수적입니다. 둘째는 공인된 영어 성적이 필요한데 토익은 700점, 텝스는 555점, 토플은 79점입니다. 마지막으로 연령은 18세 이상 60세 미만으로 제한하고 있습니다.</td></tr>
</table>

3) 마무리

① 마무리에서는 일반적으로 본론에서 가장 중요한 부분을 반복하여 말하거나 짧게 요약한다. 또한 발표를 마무리하며 인사를 한다.

② 질문이 있으면 대답한 후 끝내면 된다.

<유용한 표현>

- 지금까지 00에 대해 살펴보았습니다.
- 00에 주목해야 하며 –아/어야 합니다.
- 앞으로 00에 대한 연구가 이루어져야 할 것입니다.
- 질문 있으시면 질문해 주십시오.
- 질문 없으시면 이것으로 발표를 마치겠습니다.
- 지금까지 발표를 들어주셔서 고맙습니다.

슬라이드	발표문
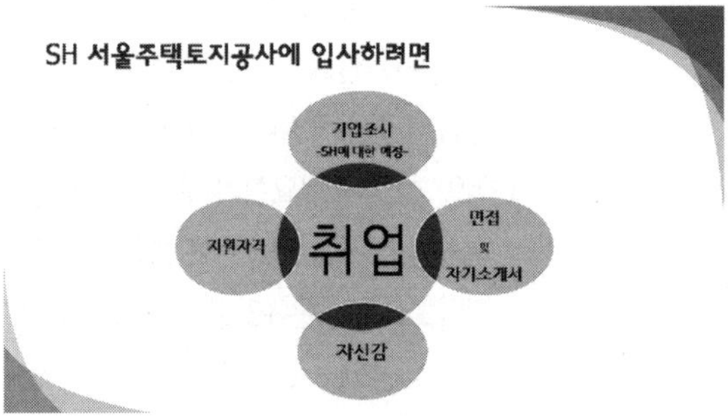	지금까지 '가고 싶은 기업, SH 서울주택토지공사'에 대해 살펴보았습니다. SH에 들어가기 위해서는 지원 자격을 갖추고 자기소개서를 준비한 후 면접에서 기업에 대한 애정을 보여주어야 합니다. 마지막으로 자신감을 보여준다면 취업을 앞둔 저와 여러분에게 좋은 결과가 있을 것입니다. 지금까지 발표를 들어주셔서 고맙습니다.

연습하기

1. 다음은 '간헐적 단식의 올바른 방법'이라는 발표 자료의 표지이다. 슬라이드에 맞는 발표문을 작성하라.

<슬라이드-표지>
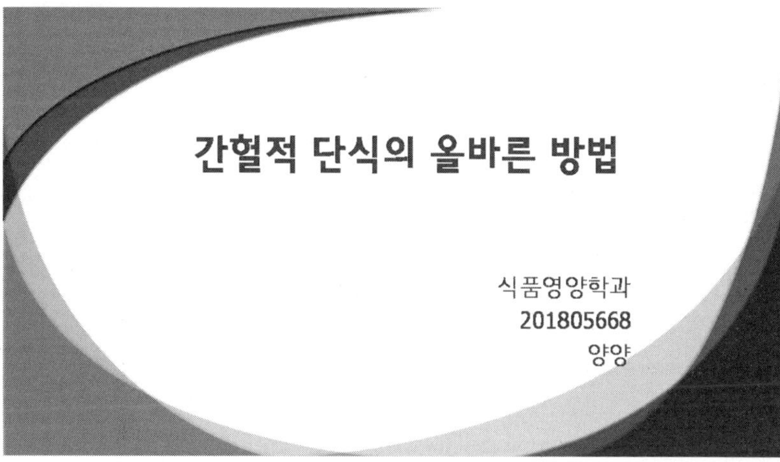
<발표문>

2. 다음은 '출산율 저하의 문제점과 해결 방안'이라는 발표 자료의 목차이다. 슬라이드에 맞는 발표문을 작성하라.

<슬라이드-목차>

<발표문>

3. '고령화 사회의 문제점과 대안'이라는 주제의 발표 자료 중 일부분이다. 해당 슬라이드에 대한 발표문을 써 보라.

<슬라이드-본론>

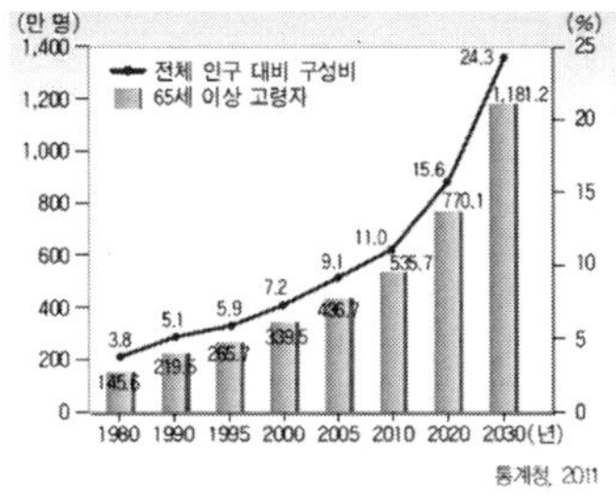

o 전체 인구 대비 65세 이상 인구

- 고령화 사회: 7% 이상
- 고령 사회: 17% 이상

<발표문>

4. 전공 시간에 발표한 자료를 바탕으로 슬라이드를 수정하고 발표문을 만들어 보라.

<슬라이드-표지>
<발표문>

<슬라이드-목차>

<발표문>

절취선

<슬라이드-본론 1>
<발표문>

<슬라이드-본론 2>

<발표문>

<슬라이드-마무리>

<발표문>

10 자기소개서 쓰기

자기소개서란 입학이나 취업을 목적으로 자신을 소개하기 위해 쓰는 글이다. 학교나 기업은 이 자기소개서를 통해 지원자의 자질이나 능력을 파악한다. 입학을 위한 자기소개서는 대학과 학과에 지원하게 된 동기와 학업 계획을 중심으로 작성하고, 취업을 위한 자기소개서는 자신에 대한 내용과 입사 후 각오를 중심으로 기술한다. 그러나 자기소개서에서 요구하는 내용은 지원하는 학교나 회사에 따라 조금씩 다르므로 사전에 자기소개서 항목을 조사하여 준비해 두는 것이 필요하다.

10.1. 자기소개서 작성 요령

1) 솔직하게 써야 한다

같은 곳에 자기소개서를 내는 사람들은 대부분 학력과 경력이 비슷할 것이다. 따라서 자신의 장점을 최대한 살려 써야 한다. 그러나 이때 자신의 능력을 과장하거나 허위로 작성하면 안 된다. 또한 다른 사람의 자기소개서를 표절하는 것도 절대 하면 안 된다.

2) 참신하고 개성 있게 쓴다

'화목한 가정에서~', '엄격하신 아버지와 자애로우신 어머니~' 등으로 시작하는 상투적인 글은 피해야 한다. 특히 성장 배경을 작성할 때도 시간의 순서대로 기술하는 것은 지루하므로 하나의 경험을 중심으로 기술하여 자신만의 자기소개서를 쓰는 것이 좋다.

3) 지원하는 곳에 따라 작성 내용이 달라져야 한다

지원하는 대학이나 회사에서 제시한 항목을 먼저 잘 이해한 후 제시한 항목에서 원하는 바가 무엇인지 파악해야 한다. 그리고 그 기준에 맞춰 작성하는 것이 중요하다.

4) 구체적인 경험을 바탕으로 쓴다

자신의 경험과 능력을 단순히 나열하는 것이 아니라 구체적인 경험을 들어 기술하는 것이 좋다. 기억에 남는 이야기, 인생의 전환점이 된 에피소드를 쓰면 다른 이와의 차별성도 획득할 수 있다.

5) 항목에 맞는 소제목을 적는다

각 항목의 내용별로 제목을 달아 주는 것이 좋다. 이는 면접관이 자기소개서의 내용을 한눈에 파악할 수 있게 해 준다. 소제목은 명사형, 명사구형, 문장형으로 개성 있게 작성하면 된다.

연습하기

1. 다음은 일반적인 자기소개서의 항목이다. 나라면 어떤 내용을 담을지 생각해 보고 해당 항목의 소제목에 맞는 내용을 써 보자.

성장 과정	
성격의 장단점	
경험	

경험	
지원 동기	
입학/입사 후 포부	

10.2. 자기소개서 쓰기의 실제

1) 성장 과정

① 성장 과정은 자기소개서의 시작이므로 깊은 인상을 남길 수 있도록 작성한다.

② 시간 순으로 나열하기보다는 자신의 성격이나 가치관을 나타낼 수 있는 에피소드를 중심으로 작성한다.

③ 자신에게 영향을 끼친 사람에 대해 구체적인 사례를 들어 기술하는 것도 좋다.

④ 소제목을 달아 자신이 말하고자 하는 바가 무엇인지 나타낸다.

작은 일도 끝까지!

어렸을 때 학교에서 연극을 한 적이 있습니다. 그 때 제가 맡은 역할은 '나무'였습니다. 한 마디 대사도 없는 볼품없는 역할이라고 생각한 저는 연습 시간에 매일 집에 가겠다고 떼를 썼습니다. 어느 날 어머니께서 저에게 연극에서 맡은 역할을 연기해 보라고 하셨습니다. 그래서 두 손을 뻗고 거실 한 가운데에 섰더니 어머니께서 전혀 나무처럼 보이지 않는다며 더 생각해 보라고 하셨습니다. 저는 대사도 없는 '나무'였기 때문에 쉽게 보고 그냥 서 있기만 하면 된다고 생각했습니다. 한 번도 나무를 어떻게 표현할지 생각해 보지 않았고, 어디에 서서 다른 역할들과 조화를 이루어야 하는지도 몰랐습니다. 다음날부터 저는 학교에서 열심히 연습에 참여했고 연극을 무사히 마쳤습니다. 어머니께서는 "제일 훌륭한 나무였어. 책임감 있는 나무!"라고 하시며 칭찬해 주셨습니다. 저는 이 경험을 소중하게 기억합니다. 아무리 작은 일이라도 내가 맡은 일에 최선을 다해 끝까지 책임감 있게 해야 좋은 결과도 있을 수 있다고 생각합니다. 지금도 그 때 일을 교훈 삼아 모든 일을 책임감 있게 대하고 있습니다.

2) 성격의 장단점

① 성격을 기술할 때는 지원하는 곳에서 요구하는 자질이나 성격에 맞게 기술하는 것이 좋다.

② 장점은 두 가지 정도가 적당하며 가장 강조할 장점을 중심으로 서술한다.

③ 단점을 기술한 후에는 이를 극복하기 위해 어떤 노력을 하고 있는지도 함께 작성해야 한다.

> '도전!'
>
> 무슨 일을 시작할 때 제가 외치는 말입니다. 어렸을 때부터 아버지께서 새로운 운동을 시작하실 때마다 하시던 말씀이라 지금은 저에게도 습관이 되었습니다. 또한 도전한 일은 무엇이든 끝까지 책임지고 해야 실패를 해도 후회하지 않을 거라고 생각합니다. 대학 생활을 하는 동안 중국 유학생 학생회에서 2년 동안 임원으로 뽑혀 일했습니다.
>
> 한 번은 중국 유학생들의 편의를 위해 기숙사 공간을 더 확보해야 했습니다. 임원들의 의견과 유학생들의 의견을 수렴하여 학교에 제출했습니다. 처음에는 의견 합의가 힘들었으나 임원들과 끝까지 노력한 결과 제시안의 50% 정도가 받아들여졌습니다. 물론 100% 성공은 아니었지만 성공과 실패를 떠나 주위 사람들과 함께 이루어 내는 과정과 함께 맛보는 성취감은 정말 이루 말할 수 없었습니다.
>
> 사실 저는 욕심이 많다는 말을 많이 듣습니다. 운동 경기나 학과 공부에서 지는 것을 참지 못하기 때문입니다. 혼자서 이러한 승부욕에 불타면 이기적이라는 말을 들을 수 있고, 주위 사람을 잃을 수도 있습니다. 그래서 저는 혼자 일을 처리하거나 공부하기보다 여럿이 함께 하는 것을 좋아합니다. 함께 일을 진행하다 보면 서로의 말에 귀를 기울이게 되고 저만의 욕심을 부릴 수 없으며, 서로의 부족한 부분을 채워줄 수 있기 때문입니다. 또한 혼자 욕심을 부려 느끼는 성취감보다 함께 하여 목표를 달성했을 때의 보람이 훨씬 크다는 것을 알게 되었습니다.

3) 경험이나 경력

① 경험을 작성할 때는 지원한 곳의 요구 조건에 맞는 경험을 찾아 작성한다.

② 불필요한 이력이나 경력, 자격증을 나열하는 것은 아무런 도움이 되지 않는다. 무엇보다 자신의 경험을 통해 무엇을 배우고 느꼈는지 기술하는 것이 중요하다.

> <u>준비된 영업맨</u>
>
> 한국에서 처음 맞는 어버이날 즈음이었습니다. 부모님께 선물을 사 드리기 위해 일일 아르바이트를 찾던 중 길거리에서 카네이션을 판매하는 일일 아르바이트를 하게 되었습니다. 제가 맡은 구역은 대전에 있는 모 백화점 앞 거리였습니다. 유동인구가 많았기 때문에 불티나게 팔릴 것이라 생각했던 저의 카네이션은 좀처럼 팔리지가 않았습니다. 이상하다 싶어서 주변을 돌아보니 바로 근처에 꽃가게가 있었습니다. 하지만 저는 제가 파는 물건이 경쟁력이 있다고 생각했습니다. 꽃가게에서는 금방 시들어 버리는 작은 꽃다발만 팔고 있었고, 저는 오래 두고 볼 수 있는 화분을 준비했기 때문입니다. 이 점을 부각시키면 승산이 있다고 확신했습니다. 진열대의 위치를 꽃가게와 조금 더 가까운 곳으로 옮기고 부모님께 물려받은 저의 큰 목소리로 손님들에게 목청 높여 설명하기 시작했습니다. "오늘 하루만 부모님의 은혜에 감사하면 안 되죠~! 감사하는 마음이 줄기차게 자라나는 감사 화분~!! 카네이션 화분으로 부모님 은혜에 줄기차게 감사드리세요~!!" 꽃가게의 카네이션과 제 카네이션을 번갈아 쳐다보며 고민하던 손님들이 점점 하나 둘씩 제 카네이션 앞으로 모여들기 시작했습니다. 꽃가게 사장님과의 작은 갈등도 있었지만, 부모님께 드릴 선물을 사기 위해 일하는 저의 모습을 보고 흔쾌히 허락해 주셨습니다.
>
> 이 일을 통해 발견한 저의 능력은 세 가지입니다. 핵심 상권을 찾아내는 센스, 확신이 섰을 때 과감하게 실행하는 추진력, 그리고 갈등 상황을 원만히 풀어내는 문제해결능력. 저는 영업 사원에게 필수적인 능력을 갖추었다고 자신합니다.

4) 지원 동기 및 포부

① 지원 동기 및 포부를 작성하기 위해서는 먼저 지원한 곳의 정보를 조사해야 한다.

② 대학원 진학을 목표로 한다면 학교 홈페이지를 통해 해당 학교와 전공에 대해 조사한다.

③ 회사에 지원할 경우에도 사전 조사를 통해 회사에 대한 애정과 열정을 드러내도록 한다.

> '천만고객 달성, 선발투수가 꼭 승리투수는 아니니다'
>
> 얼마 전 신문 기사를 통해 ○○의 휴대전화 가입자가 천만 명을 돌파했다는 소식을 접하게 되었습니다. 야구에서 먼저 등판한 선발투수가 꼭 승리투수가 되는 것이 아니듯 경쟁사들에 비해 후발주자로 시장에 뛰어들었지만 마침내 이동통신업계의 차세대 선두주자로 우뚝 선 ○○의 성공스토리는 취업을 앞둔 저에게 강한 동기부여가 되었습니다. 더불어 이러한 눈부신 성과를 달성한 ○○의 성공 요인이 무엇인지 궁금해졌습니다. 오늘의 저의 모습 또한 화려한 선발투수라기보다는 불펜에서 열심히 몸을 풀고 있는 구원투수일지도 모릅니다. 하지만 끊임없는 노력과 혁신은 결국 승리할 수밖에 없다는 것을 보여준 ○○에서 대한민국 최고의 영업사원이라는 저의 꿈을 이루겠습니다. 나아가 글로벌 마인드를 가지고 ○○가 세계 최고의 이동통신회사가 되는 데 보탬이 되겠습니다. 대한민국 전 국민이 ○○의 고객이 되는 그날, 저도 ○○의 가족으로서 그 영광스러운 순간을 함께 누리고 싶습니다.

연습하기

1. 다음 자기소개서의 문제점을 해결하기 위해 어떻게 수정할 것인지 생각해 보고 작성해 보라.

> 저는 1998년 중국 북경에서 외동아들로 태어났습니다. 2012년 ○○중학교에 입학하여 반장을 하고 2015년에는 우수한 성적으로 ○○고등학교에 진학했습니다. 엄격하신 아버지와 자애로우신 어머니 밑에서 자란 저는 어렸을 때부터 다른 사람과 잘 어울렸습니다. 아버지께서는 항상 책임감을 가지고 일하셨기 때문에 저 역시 모든 일을 끝까지 하려고 노력합니다.
>
> 〈문제점〉
> ① '저는(나는)'으로 시작하여 식상하다.
> ② 이력서의 내용을 중복하여 썼다.
> ③ 시간적인 순서로 사건을 나열하여 개성이 없다.
> ④ 구체적인 에피소드가 없어 추상적이다.
> ⑤ 상투적인 표현을 써서 참신함이 없다.

2. 성격의 장점과 단점에 대해 써 보라.

▶ 자신의 성격 중 장점 두 가지   ▶ 자신의 성격 중 단점 두 가지   ▶ 자신의 단점을 고치기 위한 노력

3. 입사하고 싶은 회사에 대해 조사한 후 다음의 빈칸을 채워라.

회사의 비전	
회사에 대한 대내외적인 평가	
내가 가지고 있는 회사의 이미지	
회사에서 제시한 인재상	
전망	

4. 다음은 기업이 제시한 자기소개서 항목이다. 나라면 어떤 내용을 작성할지 생각해 보라.

〈ㅇㅇ자동차〉

1) 자신의 장단점을 기술하고, 장점을 이용해 성취한 사례 또는 단점을 극복한 사례에 대해 구체적이고 자세하게 기술하시오(1,000자 이내).

2) 자신의 인생에 가장 큰 영향을 주었던 경험을 중심으로 지원 동기와 지원을 위해 어떤 노력과 준비를 해 왔는지 구체적이고 자세하게 기술하시오(1,000자 이내).

〈○○전자〉

1) 우리 회사에 지원한 이유와 입사 후 회사에서 이루고 싶은 꿈을 기술하시오.

2) 본인의 성장 과정을 간략히 기술하되 현재의 자신에게 가장 큰 영향을 끼친 사건, 인물 등을 포함하여 기술하시오.

〈○○엔터테인먼트〉

1) 남과 다른 방법으로 문제를 해결했던 경험, 또는 창의적인 아이디어를 발휘했던 경험을 쓰시오.

2) 지금까지 살아오면서 소속되었던 조직(회사, 동아리, 단체 활동 등) 중 가장 강한 소속감을 느꼈던 조직은 어디인가? 그 이유와 조직의 발전을 위해 자신이 노력했던 경험을 작성하시오.

5. 한국 기업 중 자신이 입사하고 싶은 곳의 자기소개서 항목을 조사한 후, 그 중 두 항목에 대해 자기소개서를 작성해 보라.

소제목: ________________________

소제목: ________________________